辽宁省"大中小学思政课一体化建设"专题教学设计丛书

共筑国家安全防线
融入大中小学思想政治
理论课一体化
教学设计案例集

于海臣　金国峰　王明雪　主编

洪晓楠　谢晓娟　胡承波　丛书主编

辽宁人民出版社

图书在版编目（CIP）数据

共筑国家安全防线融入大中小学思想政治理论课一体
化教学设计案例集 / 于海臣, 金国峰, 王明雪主编.
沈阳 : 辽宁人民出版社, 2025.2. -- (辽宁省"大中小
学思政课一体化建设"专题教学设计丛书 / 洪晓楠, 谢
晓娟, 胡承波主编). -- ISBN 978-7-205-11444-2

Ⅰ. D64

中国国家版本馆CIP数据核字第2025BR7115号

出版发行：辽宁人民出版社
　　　　　地址：沈阳市和平区十一纬路25号　邮编：110003
　　　　　电话：024-23284325（邮　购）　024-23284300（发行部）
　　　　　http://www.lnpph.com.cn
印　　刷：辽宁新华印务有限公司
幅面尺寸：170mm×240mm
印　　张：14.5
字　　数：233千字
出版时间：2025年2月第1版
印刷时间：2025年2月第1次印刷
责任编辑：贾妙笙
装帧设计：琥珀视觉
责任校对：吴艳杰
书　　号：ISBN 978-7-205-11444-2

定　　价：70.00元

辽宁省"大中小学思政课一体化建设"专题教学设计丛书

-编委会-

主 编

洪晓楠　谢晓娟　胡承波

编 委

（以姓氏笔画为序）

于海臣　马其南　王英伟　王明雪　王 建　王智莉

申淑征　刘 飞　刘继东　李洪军　张卫平　金国峰

胡承波　秦 明　袁 佺　贾玉明　钱英伟　徐丽曼

高 亮　蒋海彬　韩 影　谢晓娟　薛 孚

总 序

　　思想政治理论课是落实立德树人根本任务的关键课程，贯穿了国民教育体系的各学段。习近平总书记在学校思想政治理论课教师座谈会上强调，"在大中小学循序渐进、螺旋上升地开设思想政治理论课非常必要，是培养一代又一代社会主义建设者和接班人的重要保障"，提出"统筹推进大中小学思政课一体化建设"。党的二十大报告强调，"推进大中小学思想政治教育一体化建设"。在学校思想政治理论课教师座谈会召开五周年之际，习近平总书记对学校思政课建设作出重要指示，强调"深入推进大中小学思想政治教育一体化建设"。党的二十届三中全会通过的《决定》再次强调"推进大中小学思政课一体化改革创新"。

　　深入推进大中小学思想政治教育一体化建设，关系到"培养什么人、怎样培养人、为谁培养人"这个教育的根本问题。思政课贯穿人才培养的全过程，推进大中小学思政课一体化建设，是贯彻党的教育方针、肩负起为党育人、为国育才光荣使命的必然要求，是新时代党和国家推动思政课内涵式发展的一项重要部署，是思政课建设的时代要求和内在体现，是提高思政课教学质量及育人水平的必由之路，是落实立德树人根本任务的关键举措。如何针对不同学段学生的身心发展特点，遵循学生认知规律和教育教学规律设计教学内容、选择教学方法，是思政课教师面临的新任务和新挑战。

为进一步深入学习贯彻习近平总书记在学校思想政治理论课教师座谈会上的重要讲话精神，全面落实中共中央办公厅、国务院办公厅印发的《关于深化新时代学校思想政治理论课改革创新的若干意见》以及辽宁省委教育工委、辽宁省教育厅印发的《辽宁省进一步推进大中小学思政课一体化建设的若干举措》等文件精神，扎实推进辽宁省大中小学思政课一体化建设工作，辽宁省高校思想政治理论教育研究会、教育部大中小学思政课一体化共同体（辽宁省）面向全省各学校思政课教师开展了"大中小学思政课一体化建设"专题教学设计案例征集活动。

本次活动设立了九个专题，分别为坚持党的领导、传承中华优秀传统文化、弘扬时代精神、增强制度自信、铸牢中华民族共同体意识、法治中国建设、践行社会主义核心价值观、共筑国家安全防线、推进生态文明建设，大中小学不同学段思政课教师分别就以上专题融入大中小学思政课一体化设计教学案例。辽宁省高校思想政治理论教育研究会将教学设计案例征集活动中的优秀作品编辑出版，形成了辽宁省"大中小学思政课一体化建设"专题教学设计案例系列丛书。本套丛书按照一体化的思路，专题教学设计案例充分尊重各学段的不同特点，既强调各学段符合学生认知特点和教育规律的明显区分度，又强调循序渐进、螺旋上升的有效衔接度。

本套丛书是辽宁省在大中小学思政课一体化建设方面进一步探索与实践的成果，希望可以对广大教师在挖掘思政教育资源，推进大中小学思政课一体化建设等方面起到借鉴作用，为大中小学思政课一体化建设的高质量、内涵式发展作出一定的贡献。

由于时间仓促、水平有限，本套丛书中可能存在一些不足，望同行专家及广大读者批评指正。

2024 年 8 月

目 录

C O N T E N T S

我们神圣的国土

沈阳市皇姑区岐山一校焕新校区　臧一帆

一、课程基本信息

主讲课程：道德与法治

使用教材版本：人民教育出版社（2019版）

教材章节出处：《道德与法治》五年级上册第三单元《我们的国土　我们的家园》

二、教学设计概述

《我们神圣的国土》对应教材《道德与法治》五年级上册第三单元《我们的国土我们的家园》的教学内容。因此，本节课侧重引导学生了解我国国土特点、认识我国行政区划、明确我国领土神圣不可侵犯，从而实现对于政治认同核心素养、法治观念核心素养以及责任意识核心素养的培养。

为了缩短学生与教材的距离，本节课以地图为线索，结合"课程学习单"，通过"疆域辽阔的祖国、海陆兼备的祖国、分级管理的祖国、不可分割的祖国"四项活动，帮助学生认识"我们神圣的国土"，把学习的主动权交给学生，体现课堂以生为本。

活动一"疆域辽阔的祖国"需要学生结合世界地图描述祖国的具体位置，联系生活实际感受祖国的疆域辽阔。教师引导学生结合案例总结：疆域辽阔是我国南北方存在温度差、东西方存在时间差的原因。学生借助学习单，完成"算一算"任务，再次感受辽阔的国土，实现跨学科的融合。活动二"海陆兼备的祖国"需要学生再次观察地图，找一找我国大陆濒临的四大海域和我国的台湾岛。教师引导学生发现我国海陆兼备的国土特点。学生以小组合作的形式，找一找我国邻国，以增强合作交流的能力；以小游戏的形式找出相应省级行政单位的具体位置，自然进入活动三"分级管理的祖国"。且所选案例均为我国近年来的重点工程，如我国首批国家公园、港珠澳大桥等，以提升学生的政治敏感度。最后，活动四"不可分割的祖国"环节中，教师补充地理角度的相关资料，并播放国防部发言人的相关发言，师生共同总结，得出"台湾自古以来是我国领土不可分割的一部分"这一结论。教师出示"全国测绘法宣传日"活动海报，与"开学第一课"学习内容呼应，强调正确表达国家版图的必要性，明确"祖国的每一寸土地都神圣不可侵犯"，并将其与现实生活中边境前线的戍边将士相联系，涵育学生的家国情怀。

三、学情分析

五年级学生的认知水平与思维能力都已经日趋成熟，思维能力也逐渐向抽象思维能力转化。他们对于祖国、国家领土、版图意识等概念已经有了初步的认识，但是受制于生活实际，并无切身直观的体会感受，了解并不系统、全面。其次，在当今和平年代，学生难以体会到维护祖国领土神圣不可分割的使命感，需要教师正确引导并帮助其树立。再者，本节课带有部分的地理属性，授课时会补充大量的地图帮助学生理解，且教材本身就包含了相关的多幅地图，而学生读图能力存在差异，需要教师根据情况及时指导。

四、教学目标

通过"疆域辽阔的祖国、海陆兼备的祖国、分级管理的祖国、不可分割的祖国"四项活动，了解我国疆域辽阔、海陆兼备的国土特点，认识并熟记我国的行政区域划分，明确我国领土是不可分割、神圣不可侵犯的。

在识图、计算、小组交流等活动中，培养信息搜集、读图识图、语言完整表达、小组合作交流等能力，达到全面提升素养的效果。

在欣赏祖国壮美山河、分享旅行经历的过程中，通过带有时效性的相关案例，激发热爱祖国的自豪感，增强维护祖国领土完整的使命感，树立正确国家版图意识。

五、教学重点难点

（一）教学重点

了解我国疆域辽阔、海陆兼备的国土特点；认识我国的行政区域划分并可结合地图清晰指出相应位置；明确台湾是我国不可分割的一部分，懂得祖国领土神圣不可侵犯。

（二）教学难点

可以结合自身实际经历表达出我国疆域辽阔的国土特点；能够将我国的省级行政区划、时政新闻中的国家重点工程一一对应并可结合地图快速找出大致位置；明确中国的主权和领土完整不容分割，熟悉辨别问题地图的方法，自觉形成维护祖国领土完整的使命感，树立正确国家版图意识。

六、教学设计总体思路

《我们神圣的国土》一课需要激发学生的民族自豪感，增强维护祖国领土完整的使命感，以及树立正确的国家版图意识。因此，通过设置"疆域辽阔的祖国、海陆兼备的祖国、分级管理的祖国、不可分割的祖国"四项活动，借助线索紧密联系各个环节，再通过"课程学习单"实时把握课堂节奏、培养学生相应的能力。

授课过程中，学生首先需要结合世界地图描述祖国的具体位置，联系生活实际感受祖国的疆域辽阔。再次观察地图，找一找我国大陆濒临的四大海域和我国的台湾岛，以小游戏的形式找出地图上相应省级行政单位的具体位置。

联系时政让课堂学习效果实现显著提升。教师在案例选择时要注重时效性，在考虑学生年龄特点的同时，也要保持高度的政治敏感性。在讲述案例时做到严谨与幽默并存，吸引学生的学习兴趣，激发相应的情感态度。《我们神圣的国土》一课案例选取均考虑到以上特点，选择了全国测绘法宣传日、中国航天、北京冬奥会、我国首批国家公园、港珠澳大桥等相关案例，激发学生的民族自豪感及家国情怀，提升学生的政治敏感度。

七、教学过程

（一）教学流程设计

环节一：视频导入

教师活动：

1.播放霜降时节祖国壮美景色的片段，提出问题。

问题1：同学们，秋来无声，秋韵有形。恍然暮秋至，静候冬日来。大家看得都很投入，那你们都看到了什么？

问题2：同学们观察得都很细致。没错，暮秋时节，祖国山河也有了成熟的风韵。你曾经通过什么方式看见过这番壮美的景象？

问题3：那你们都有什么样的心情？

2.总结过渡：那么今天换一个视角，让我们借助地图，来感受祖国的壮美，探索这片"神圣的国土"。请同学们齐读课题。

学生活动：

1.结合生活经验回答相应问题。

问题1：我看到了霜降时节的秋天美景。

问题2：书中的图片、影视作品中、旅行途中等。

问题3：我看到了大自然，心情很舒畅。我看到祖国壮美山河，感到很自豪。

2.齐读课题：我们神圣的国土。

设计意图：结合祖国壮美山河片段，激发学生学习兴趣，直接点明本课主题。

环节二：课堂新授——疆域辽阔的祖国

教师活动：

1.结合《中国在世界的位置》一图，引导学生正确使用方位关系准确描述中国的位置。借助相应数据，提出问题：你有什么样的感受？学生作答后，教师书写板书：疆域辽阔。

2.提出问题：生活中什么时候能感受到祖国的辽阔？学生自由回答后，教师分享冬奥会期间张家口街景图、长征八号遥二运载火箭发射图等案例，明确南北存在温度差；分享晚上同一时间拉萨和沈阳的夜景图，明确东西存在时间差，帮助学生直观感受祖国的辽阔。

3.借助学习单上的"算一算"任务，帮助学生再次直观感受祖国的辽阔。同时书写板书：祖国、国土特点。

学生活动：

1.自由回答并相互补充：①中国位于北半球，处在世界最大的大洲——亚洲的东部，东临世界最大的大洋——太平洋，地理位置十分优越。②我国疆域辽阔。

2.结合各自旅行经历，自由回答。

3.分享答案。

设计意图：学生初看地图，大致了解祖国的位置，感受祖国的辽阔，随后联系生活实际，分享各自感受祖国辽阔的小故事。教师借助多媒体出示相关案例图片，增强学生民族自豪感的同时进行过渡小结；通过学习单上的"算一算"环节，达到多学科融合的效果，同时也帮助学生再次直观感受祖国疆域辽阔跨度大的国土特点。

环节三：课堂新授——海陆兼备的祖国

教师活动：

1.出示中国陆地边界与陆上邻国示意图、中国海上邻国示意图，提出问题：同学们，观察地图，你还发现哪些国土特点？

2.学生回答后板书：海陆兼备。提出相应问题：结合地图，①你能依照自北向南的顺序，说出我国大陆濒临的四大海域吗？②我国最大的岛屿呢？

3.大家小组合作找一找中国的陆上、海上邻国。

学生活动：

1.观察后回答：海陆兼备。

2.抢答：①在祖国大陆的东面，我国大陆濒临渤海、黄海、东海、南海。②台湾岛是我国第一大岛。

3.小组合作，并依次派代表回答问题，各小组相互补充。

设计意图：学生借助教师提供的中国邻国示意图，再次感受我国的国土面积之大，发现海陆兼备的另一国土特点。以小组合作的形式找出我国的陆上邻国以及隔海相望的国家，增强合作交流的能力。

环节四：课堂新授——分级管理的祖国

1.出示中国的省级行政区域图并介绍：我国幅员辽阔、疆域广大，因此古往今来都非常重视对国家进行有效的分级管理，把国家疆域划分为不同层次的行政区域。板书：分级管理。

2.教师随机选择地点，列举部分我国耳熟能详的重点工程、著名景点等，如：①家乡辽宁省；②首都北京市；③生活在海南热带雨林国家公园的海南长臂猿的家乡；④我国桥梁建筑史上的杰作——港珠澳大桥。

3.布置填空题，关于我国省、自治区、直辖市、特别行政区的具体数量。

学生活动：

1.仔细观察。

2.结合地图找出相应地点并填空：我国有23个省、5个自治区、4个直辖市、2个特别行政区。

设计意图：教师讲述我国幅员辽阔是古往今来一直采用分级管理的原因，提升学生的民族自豪感。借助学习单上教师提供的省级行政单位简称顺口溜，帮助学生记忆。

环节五：课堂新授——不可分割的祖国

1.出示台湾省地图，简单介绍：台湾岛是我国第一大岛。借助教材第47页有关台湾省的介绍，明确台湾自古以来就是我国领土不可分割的一部分。板书：不可分割。

2.借助地质学家的相关论证，从地理角度再次肯定：台湾自古以来就是我国领土不可分割的一部分。提出问题：你知道历史上曾经有一位和台湾颇有渊源的民族英雄吗？你了解他的故事吗？

3.播放国防部新闻发言人有关台湾问题的回答，再次明确立场：台湾自古以来就是我国领土不可分割的一部分。同时完善相应板书内容。

学生活动：

1.听教师讲解，并自由阅读教材相应内容。

2.简单介绍郑成功收复台湾的故事。

3.认真观看相关教学视频并明确立场：台湾自古以来就是我国领土不可分割的一部分。

设计意图："地图"为本课的学习线索，学生通过再次观察地图，自然衔接，完成不同活动。师生从地理角度以及历史角度得出结论：台湾自古以来就是我国领土不可分割的一部分。在学生回答相应问题后，教师播放官方视频，再次加深学生对于这一观点的理解，强调"不可分割"的重要性。

环节六：总结升华、学习反馈

教师活动：

1.结合"开学第一课"有关全国测绘法宣传日的相关内容，总结过渡：反独促统，台湾当归。实现祖国完全统一，是大势所趋，也是大义所在。祖国的每一寸土地都神圣不可侵犯。

2.我们在地图上守卫着"我们神圣的国土"，那现实生活中是谁冲在前线，守护着国门边境第一道防线？你想对这些英雄说些什么呢？

3.总结并布置课后作业：树立祖国版图意识，珍惜祖国的每一片疆域，遇到"问题地图"时，能够有所警惕，共同守护我们神圣的国土！请同学们于课后完成学习单上的自测、自评任务。

学生活动：

1.回答全国测绘法宣传日活动主题：规范使用地图，一点儿都不能错。

2.①戍边将士；②表达对英雄的尊重与敬佩；③我们以后要向英雄学习。

3.课后完成学习单上相应自测、自评任务。

设计意图：教师出示"全国测绘法宣传日"活动海报，结合"开学第一课"相关内容，强调"祖国领土不可分割"的重要性。借助对戍边将士想表

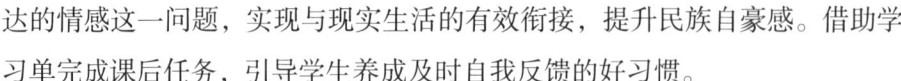

达的情感这一问题，实现与现实生活的有效衔接，提升民族自豪感。借助学习单完成课后任务，引导学生养成及时自我反馈的好习惯。

（二）课堂小结

本节课以地图为线索，结合课程学习单，通过"疆域辽阔的祖国、海陆兼备的祖国、分级管理的祖国、不可分割的祖国"四项活动，帮助学生认识"我们神圣的国土"，把学习的主动权交给学生，体现以生为本的课堂。最后实现帮助学生树立正确祖国版图意识、珍惜祖国的每一片疆域的目的。呼吁学生遇到"问题地图"时，能够有所警惕，共同守护"我们神圣的国土"！

（三）板书设计

我们神圣的国土

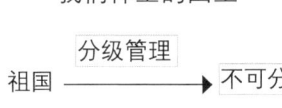

（四）作业设计

完成课程学习单上的自测、自评内容。

（五）参考资料

人民教育出版社课程教材研究所小学德育课程教材研究开发中心：《义务教育教科书教师教学用书.道德与法治五年级.上册》，人民教育出版社，2019。

八、教学总结与反思

围绕课标完成初步设计。道德与法治课程要培养的核心素养，主要包括政治认同、道德修养、法治观念、健全人格、责任意识。根据课标要求，本节课《我们神圣的国土》需要激发学生的民族自豪感，增强维护祖国领土完整的使命感，以及树立正确的国家版图意识。

联系学情选择案例。在完成基础框架构建的课程设计上，结合学生特点，融入符合课程目标且具有时效性的案例。《我们神圣的国土》选自五年级上册，因此首先要考虑五年级学生的特点。比如，以思维导图的形式呈现板书，系统呈现知识内容，便于学生理解接受。本课在案例选择方面，考虑到了时效性的特点，比如全国测绘法宣传日活动，帮助学生培养正确的国家版图意识，同时也选择了更能激发民族自豪感的案例，比如中国航天、北京2022年冬奥会、我国首批国家公园、港珠澳大桥等相关案例，激发学生的民族自豪感及家国情怀，提升学生的政治敏感度。

但是本节课的评价语言在呈现时略显单一。语言是人类最重要的交际工具，教师应使用评价语言激励、肯定学生的相应做法，以实现教学的最大化发挥。应借助丰富的网络资源，充实自己的语料库。

我们爱和平

丹东市育鹏学校　李晓茹

一、课程基本信息

主讲课程：道德与法治

使用教材版本：人民教育出版社（2019版）

教材章节出处：《道德与法治》六年级下册第四单元《让世界更美好》第十课第一框《战争带来的伤害》

二、教学设计概述

和平与发展是当今世界的两大主题，本课以"我们爱和平"为主题，从战争带来的伤害切入，引导学生感受和发现当今世界人们对和平的呼唤，以及中国为和平所作出的贡献。

突破时间与空间的限制，拉进学生与教材之间的距离，引领学生真切地感受战争的危害，是本课的教学重点。生活在和平国家的学生，很难体会到战争带来的伤害。战争离学生的现实生活较远，教师应从儿童的视角出发选择直观且鲜活的素材，引导学生去发现文字或数字背后的故事。比如，当阅读到"第二次世界大战波及世界绝大部分国家和地区，20多亿人被卷入战争"时，为了让学生深刻理解"20多亿"这个数字，教师可以补充第二次世界大战时世界总人口数约26亿，让学生通过比较认识第二次世界大战对全世界的影响到底有多大。

选择适切的教学素材是本课教学的一个难点。体现战争危害的素材数不胜数，教师不应一味通过血腥的视频或图片突出战争的残酷性，而应该利用多种形式的材料从不同角度反映战争的危害。

对于教材中总结性话语，教学时，教师应通过案例和活动，带领学生去思考和学习。同时，教师也注意教材前后联系，引导学生将前后相关的内容进行对比，领悟其中的深刻含义。

三、学情分析

六年级学生几乎没有科技史背景知识，对现代科技发展的了解很有限。因此，教学时不要拘泥于知识的传授，要着眼于科技成就中蕴含的基本科学思想，让学生认识到科技进步给人类社会带来了哪些改变。要将科学精神的不同维度与教学目标结合起来，引导学生理解科学的探索和求真精神，引导学生理解科学的实践和创造精神以及人文精神，培养学生热爱和追求科学的情感。

小学高年级学生的生活场域由家庭、学校逐步延伸到社会，他们的眼光不再限于自己家庭和学校，而是逐步拓展到整个社会生活。世界的变化、我国参与国际事务的各项活动、各种国际组织在世界舞台上的作为等开始进入学生的视野，我们要帮助学生了解国际组织的类型，知道不同类型的国际组织的作用。

六年级学生正处于和平观念与情感形成的关键期。我们要通过真实的历史与时事资料，引导学生认识战争和冲突给人类带来的巨大伤害，感受全世界人民对和平的渴望以及为维护和平作出的努力，认识并感受中国人民解放军为保卫祖国领土完整，维护国家及世界的和平作出的卓越贡献。

四、教学目标

1.通过合作探究、观看视频等活动，认识并体会战争给人类生命安全、生存环境及世界文化遗产等方面带来的巨大伤害破坏。

2.通过资料分析等活动，体会和平的美好，感受世界人民对和平的渴望，以及为和平所做的不懈努力，形成向往和平、热爱和平、乐于宣扬和平的情感态度。

3.通过查阅资料、观看视频等活动，了解中国为维护世界和平与发展所秉持的主张和态度，知道中国为维护世界和平所作出的卓越贡献，增进对中国人民解放军的敬爱之情与国家认同感。

五、教学重点难点

（一）教学重点

1.认识并体会战争给人类生命安全、生存环境及世界文化遗产等方面带来的巨大伤害破坏。

2.体会和平的美好，感受世界人民对和平的渴望，以及为和平所做的不懈努力，形成向往和平、热爱和平、乐于宣扬和平的情感态度。

（二）教学难点

了解中国为维护世界和平与发展所秉持的主张和态度，知道中国为维护世界和平所作出的卓越贡献，增进对中国人民解放军的敬爱之情与国家认同感。

六、教学设计总体思路

教师努力从学生现有的经验出发，开阔学生的视野，提供直观、翔实的学习素材，让学生走近战争，用心体会战争带来的伤害，从而激发他们从内心深处发出对和平的呼唤。

1.课前收集素材，了解世界局势。在课前预学阶段，教师引导学生整理曾经接触过的以战争为主题的学习素材，并收集关于第二次世界大战以来世界各地发生的战争或冲突的资料，初步了解当今世界并不平静。

2.课内合作探究，体会战争危害。在课堂教学中，为让学生真切认识战争给人类所带来的伤害，引导学生在合作探究中认识战争。首先，以第二次世界大战为例，了解世界大战。带领学生通过对阅读材料的学习，走进历史，从整体入手了解战争给人类带来的伤害。其次，通过"新闻发布会"的形式，播报学生课前收集的第二次世界大战以来的地区冲突，将学生的视角从历史引向当今世界。再次，从儿童的视角出发，让学生认识战争给儿童带来的伤害。最后,切换角度,让学生全方位认识战争危害。学生通过对阅读材料的自主学习,认识战争不仅会给人类及其生活带来伤害,还会给我们赖以生存的自然环境和宝贵文化遗产等造成无法弥补的损失。

3.课后适度拓展,引发学生深度思考。教师结合活动园,补充第二次世界大战结束后爱因斯坦的故事,引发学生对未来的思考,让学生产生让世界永远和平的强烈愿望。

七、教学过程

(一)教学流程设计

环节一:战争从未远离

教师活动:

1.情境导入,引出战争。谈话导入,伴着轻音乐播放课件,出示那些生活中美好的幸福时刻,唤起孩子们幸福的记忆。同学们,每逢周末节假日,你最想干什么?同学们说的这些也正是老师想去做的。当和小伙伴快乐地玩耍时,当你同家人一起聚餐时,当你同父母开心地郊游时,你幸福吗?透过一双双眼睛,你知道是什么原因,让他们如此痛苦忧伤吗?对,是战争。虽然我们生活在和平的环境中,战争似乎离我们很遥远。那么世界上是否已经实现了真正的和平了呢?21世纪发生过哪些战争或冲突?

2.收集资料,新闻播报。教师组织学生举行"战争冲突发布会"。

学生活动:

1.边听音乐边观看悲惨的战争画面,与自己的幸福生活形成鲜明的对比,在内心产生强烈的情感碰撞。

2.整理课前收集的21世纪世界各地爆发的局部战争或冲突,并准备播报。

设计意图:引导学生关注世界局势,让学生通过收集整理21世纪世界各地发生的局部战争或冲突的资料,初步了解当今世界并不太平。

环节二:战争伤害知多少

教师活动:

1.课前让大家收集了第二次世界大战相关资料，哪个小组先给大家汇报一下？

2.适度拓展，展现战争的残酷，播放影片《南京大屠杀》片段。战争对生命的摧残令人恐惧和震惊。

学生活动：

1.小组合作完成第二次世界大战的战争清单。展示探究单，发表观点。

2.观看影片《南京大屠杀》片段，再谈感受。

设计意图：以第二次世界大战为例，让学生了解世界大战，从整体入手了解战争给人们带来的伤害。明确有战争就必定造成财产损失，这是人类历史上规模最大、涉及范围最广的战争，给世界经济带来巨大损失。引导学生关注收集整理的数据，明确这些数字背后，是对人类生命赤裸裸的践踏和摧残。对于二战，学生了解最多的是《南京大屠杀》，比起文字资料，令每位中国人痛心的是侵略者对南京城惨无人道的大屠杀。此视频片段旨在引导学生感受战争的残酷，唤起学生内心对和平的期盼，对战争的痛恨。

教师活动：

1.现在，让我们把关注的目光，投向那些身处战乱中的同龄人，看看他们在过着怎样的生活。结合下面的资料，说说你的感受。

组织全班交流，梳理战争给人类带来的各种伤害。

2.引导学生想象躺在病床上的阿里在想些什么，进行无臂翻书的体验。

3.适度拓展，在学生谈感受时，适时补充视频资料《叙利亚儿童给离世父母说的话》。与学生交流：听着这些孩子的话语，此刻你最想说什么？

学生活动：

1.自主阅读材料，选择其中一组以小组合作的形式进行交流分享，并推选小组发言人准备全班汇报。

2.交流自己的想象，体会无臂的阿里上课时的情景。

3.分享阅读体会与发现，感受战争给生态环境和文化遗产带来的巨大破坏。

设计意图：引导学生换位思考，引发学生的深度思考。从儿童的角度出发，认识战争给儿童带来的伤害。让学生亲身体验无臂学习的艰难，体会战争对孩子的摧残是伴随孩子的一生、生活的各个方面的，进而体会战争的残酷。

教师活动：

1.引导学生自主阅读教材中两组材料，看看还能发现什么。

2.通过课件呈现世界文化遗产在被战争摧毁前与摧毁后的鲜明对比，带领学生进一步感受战争的危害。

学生活动：通过对材料的自主学习，认识战争不仅会给人类及其生活带来伤害，还会给我们赖以生存的环境、文化遗产等造成无法弥补的损失。

设计意图：引导学生在合作探究中认识战争。

环节三：面对战争我想说

教师活动：

1.讲述爱因斯坦的故事，引导学生思考：爱因斯坦为什么这样说？

2.播放拓展影视片段：现代高科技战争的战争场面。

学生活动：思考随着现代武器的不断升级，现代高科技战争会给人类带来哪些灾难。

教师活动：

1.而今，这个世界依然不太平。现在，请大家拿出你的笔，把此时此刻你的心愿写下来。然后，乘着和平的翅膀，把你的心愿张贴到世界的任何一个地方。

2.战争就像是一面镜子，照见了和平的珍贵。愿我们每个同学从小在心里播下和平的种子，争做和平的使者，为维护世界和平作出自己的贡献。

学生活动：写心愿卡，贴心愿卡。

设计意图：补充第二次世界大战结束后爱因斯坦的故事及现代高科技战争的影片资料，引发学生对未来的思考，让学生产生世界永远和平的强烈愿望。

（二）课堂小结

战争就像一面镜子，照见了和平的珍贵。愿我们每个同学从小在心里播下和平的种子，争做和平的使者，为维护世界和平作出自己的贡献。

（三）板书设计

我们爱和平

——战争带来的伤害

战争带来的伤害

财产损失	生命伤亡
损害生命	摧残精神
破坏环境	摧毁文明

做和平的使者

（四）作业设计

和平是世界主潮流。中国也为维护世界和平作出了很大的努力，课下，请同学们收集相关资料，看看中国为维护世界和平作出了哪些贡献。

（五）参考资料

[1]孟寅：《战火中的阿勒颇：古城？鬼城？》，《青年参考》，2016年12月28日。

[2]程兆奇：《东京审判：为了世界和平》，上海交通大学出版社，2017年。

八、教学总结与反思

本节课是《我们爱和平》的第一节课，教学目标定位在让学生充分了解战争带来的伤害。教学难点在于战争离学生的现实生活较远，紧靠学习材料，学生对战争的伤害的理解只能停留在浅层次，很难有深刻的认识。

应该在学生积极的研讨中引导学生深入思考战争，联系中国实际，使学生从内心深处产生一种危机感。

守护国土安全的绚烂色彩

朝阳市建平县第二小学　师艳华

一、课程基本信息

主讲课程：道德与法治

使用教材版本：人民教育出版社（2019版）

教材章节出处：《道德与法治》五年级上册第三单元《我们的国土　我们的家园》第六课《我们神圣的国土》

二、教学设计概述

五年级的学生对国家的相关知识有了初步的认识，热爱祖国的情感比低年级时有所提升。但是碍于年龄和认知水平等原因，导致这些认识是相对零散的，更多的都只是具体的，甚至只是微观上的感性认识。他们对于中国幅员辽阔、国土神圣不可侵犯等方面，还缺乏深入的领会。因此本课的教学设计就是紧紧围绕"认识我国的地理位置、领土面积、海陆疆域、行政区划等，从情感上帮助学生明确，自古以来台湾就是祖国领土不可分割的一部分"这一目标进行的。

本课的教学设计力争遵循新课程标准要求以及核心素养形成的规律，在坚持教师主导与学生主体相统一的原则基础上，努力落实学生的主体地位。力争实现由以前的学科知识传授，向学生自主的学科实践的转变。教学过程是学生先自主探究，再小组合作学习，然后全班交流，最后由完成省级行政区拼图游戏并以出题打擂的方式巩固本课所学内容。中间过程充分关注了学生个性化和多样化的学习需要，不同个性的学生、不同学习能力和风格的学生，结合自己收集到的资料，用多种多样的方式，站在小学生的视角，表达了他们对祖国幅员辽阔的理解和感受以及对台湾是祖国领土不可分割的一部分的认识和感受。比如，可以用数据对比来感受国土面积的辽阔；可以说旅游经历来表达对国土辽阔的感受；可以讲《郑成功收复台湾》的故事来说明台湾自古就是中国不可分割的一部分；还可以朗诵余光中的《乡愁》来表达两岸人民渴望祖国统一愿望……

总之，本课的教学设计努力使学生的学习主体地位得以真正落实。因为这不只是符合学生核心素养形成的逻辑，也使"以学生为本"这一重要的教育原则得以切实体现。而学生也只有真正在收集处理资料的实践中，在学生交流学习收获的表达与倾听中，真切感受到祖国真是幅员辽阔，才能真正产生热爱伟大祖国的情感，也才能真正体会台湾是祖国不可分割的一部分，从而真正树立维护祖国统一和国家安全的意识——这才能使本课的学习目标水到渠成地得到落实。

三、学情分析

学生随着年龄的增长及社会生活范围不断扩大，视野不断开阔，对国家也有了初步的了解与认识。但是他们对国情的了解还缺乏针对性，比如对我国的地理位置、领土面积、海陆疆域及行政划分等方面还不够了解。因此本课要引导学生从整体上感受祖国疆域的辽阔，产生初步的民族自豪感和民族责任感，进而树立维护祖国统一和国家安全的意识。另一方面，随着年级的升高，学生也积累了一些学习经验，有了一定的自主学习能力和收集处理信息的能力。所以课前让他们收集相关信息，结合收集到的资料充分自主学习和合作探究。但是诸如行政区划、读图方法等方面还需要老师适当引导和点拨。

四、教学目标

1.结合收集到的资料，先自主探究，再小组交流，了解我国处在世界的什么位置、陆地面积是多少。用自己喜欢的方式（表格、文字、照片等）汇报收获，在倾听与汇报的过程中，感受我国幅员辽阔，为伟大祖国感到骄傲和自豪，培养热爱祖国的情感。

2.边阅读《中国的疆域》，边圈画出我国的陆上邻国、海上邻国、大陆濒临的四大海域、台湾岛。增强对我国海陆疆域的了解，知道我们辽阔的疆域是各民族共同开拓的，树立维护国家统一和安全的主人翁意识。

3.通过先自主阅读再小组讨论的方式阅读《中国的省级行政区域》、"阅读角"。知道我国有多少个省级行政区，分别是什么。找出自己、家人或亲戚朋友的出生地或生活的地方，与同学交流。并结合学过的课文《祖国多么广大》等内容表达对祖国国土辽阔的感受，升华热爱伟大祖国的情感。

4.分享自己收集到的关于台湾的资料。通过对郑成功收复台湾的历史故事及台湾省的地理位置、丰富物产、优美风景等方面的交流，进一步增强对伟大祖国的热爱之情，以及台湾是祖国不可分割的一部分的了解，加强维护国家统一和安全的意识。

五、教学重点难点

（一）教学重点

本课的教学重点是知道我国幅员辽阔，懂得祖国领土神圣不可侵犯，明确台湾自古以来就是我国领土不可分割的一部分。结合图例阅读《中国的疆域》找到我国的14个陆上邻国和6个海上邻国，以及我国大陆濒临的四大海域。能在地图《中国的省级行政区域》中找到5个自治区、4个直辖市、两个特别行政区和23个省。

（二）教学难点

本课的教学难点是要结合收集到的资料，通过自己的观察、比较和分析得出结论，并分享对祖国疆域辽阔的感受。另一个难点是能结合读《中国的疆域》《中国的省级行政区域》和《台湾省》地图，谈谈自己的发现，并分享自己读图后的感受；在真实的实践和分享中提升热爱伟大祖国的情感，树立维护祖国统一和国家安全的意识。

六、教学设计总体思路

首先要明确本课在本学段所承载的教学目标，那就是核心素养的政治认同包含的家国情怀，即热爱伟大祖国，热爱中华民族的情感；责任意识包含的维护祖国统一和国家安全的主人翁意识。

接下来紧紧围绕这一核心素养目标，结合本课教学内容，秉持"以学生为本"的原则，充分利用信息化手段，来优化教学过程：

第一个环节，激发学生学习兴趣，导入新课学习。用猜谜语的方式，引导学生初步了解中国版图的形状和中国在世界的位置，激发学生学习本课的兴趣。

第二个环节，引导学生用先自主再合作的方式学习。组织学生结合教材文本内容和自己收集整理的资料积极探究。

第三个环节，进行全班的交流学习。让学生在汇报和倾听的过程中增强热爱伟大祖国的情感，树立维护祖国统一和国家安全的意识。

第四个环节，用拼图比赛和打擂台的方式，巩固本课所学内容。

七、教学过程

（一）教学流程设计

环节一：导入新课，激发兴趣

教师活动：引导学生猜谜语，导入新课的学习。幻灯片出示谜语和要求：蓝色星球浮太空，一只雄鸡在其中，南北两分它在北，东西两分它居东，头指世界最大洋，尾靠全球最大陆。

一猜："蓝色星球"指什么？"雄鸡"指什么？

二说：你从这里知道了哪些知识？

学生活动：一名学生读幻灯片上的谜语和学习要求；积极交流猜到的谜底，知道了哪些知识。

"蓝色星球"指地球，"雄鸡"指中国版图。如果把地球分成南、北两部分，中国在北半球；如果把地球分为东西两部分，中国在东半球……

教师活动：

1.过渡引导：你们知道得真多。这只威武的雄鸡是我们伟大祖国的版图。那你们想领略一下祖国的风景吗？

2.引导学生说出看完优美风景图片后的感受：如果让你用一个字形容这些风景，你想怎样形容？两个字呢？三个字呢？四个字呢？

学生活动：分别用一个字、两个字、三个字和四个字形容祖国的风景，并说出自己看到祖国优美风景后的感受。

教师活动：导入新课的学习。对，我们的祖国不仅风景秀丽，而且幅员辽阔。那我们的祖国到底有多大呢？周围有哪些邻居呢？这节课，我们就共同来学习第三单元"我们的国土 我们的家园"里的第六课《我们神圣的国土》里的第一个板块的内容。

学生活动：齐读《我们神圣的国土》，兴味盎然地进入本课的学习。

设计意图：学生学习的兴趣和热情在很大程度上决定了学习的效率。而对于小学生来说，认识祖国版图也有些枯燥。所以设计猜谜语的环节导入本课的学习，既能激起学生学习的兴趣，又能直观形象地让学生初识祖国版图的形状以及中国在世界的位置。这种导入新课的设计可谓一举多得。

环节二：自主学习，合作探究

教师活动：

1.幻灯片出示探究任务，找一名学生读探究任务并引导学生带上探究任务，结合准备的资料开启探究之旅。（温馨提示：先自主探究，再小组交流）

（1）了解我国在世界的位置、陆地面积。用自己喜欢的方式，说一说祖国疆域的辽阔。

（2）阅读《中国的疆域》图，圈出我国的陆上邻国、海上邻国、大陆濒临的四大海域、台湾岛。

（3）阅读《中国的省级行政区域》图、"阅读角"，看看我国都有哪些省级行政区。找出自己、家人或亲戚朋友的出生地或生活的地方，与同学交流。

（4）分享你收集到的关于台湾的资料。

2.组织学生先自主学习，再与小组同学合作探究，并认真巡视，发现问题，及时指导。引导学生学会看地图上的图例：黄色代表陆上邻国，绿色代表海上邻国；还要看字号的大小，字号大的是国家的名字，字号小的是首都的名字。找省级行政区名称和省会也可以用这种看字号大小的方法。

学生活动：

1.一名学生读，并和其他同学一起明确探究任务。

2.带着探究任务，结合收集到的资料，先自主学习，再小组同学合作探究。

设计意图：新课程标准要求，道德与法治课程教学要遵循核心素养的形成规律，坚持教师主导与学生主体相统一。先自主探究，再合作学习这一环节的设计，既发挥了教师适时点拨、指导的主导作用，也在组织学生开展自主、合作的实践探究和体验活动中，体现了学生的主体地位。由此学习才真正地发生，热爱伟大祖国的情感才真正形成。

环节三：交流反馈，深化学习

教师活动：

1.引导学生汇报第一个学习任务：了解我国在世界的位置、陆地面积。用自己喜欢的方式，说一说祖国疆域的辽阔。强调交流的时候一定要分享一下自己的感受。

2.引导交流第二个探究任务：阅读《中国的疆域》图，圈出我国的陆上邻国、海上邻国、大陆濒临的四大海域、台湾岛。

引导学生认真看图并交流。出示课件并引导学生了解"国家领土包括领陆、领水、领空和底土"的内容。引导学生继续认真观察，一定会有所发现。强调一定要分享一下自己的感受。

3.引导交流第三个探究任务：阅读《中国的省级行政区域》图、"阅读角"，看看我国都有哪些省级行政区。

先讲解自治区、特别行政区、直辖市的相关知识。组织学生把"阅读角"和我国省级行政区划内容整理成的小资料一起交流；简单拓展一下一级到四级行政区划的知识。最后鼓励学生试着说说自己、家人或亲戚朋友出生或生活在什么地方，并在图中找出来，与同学交流。

4.引导交流第四个探究任务：交流收集到的关于台湾的资料。注意引导学生感受台湾的美丽富饶和台湾人民渴望早日回到祖国母亲怀抱的美好愿望，激发学生的自豪感和期盼祖国早日统一的爱国情感。

学生活动：

1.交流第一个探究任务：知道我国在亚洲东部、太平洋西岸；陆地面积960多万平方千米，仅次于俄罗斯和加拿大，居世界第三。

通过用统计表、图片、朗诵诗歌、说旅游经历等方式（或结合自己制作的课件），表达并感受祖国疆域的辽阔。在汇报和倾听的过程中，加深对祖国疆域辽阔的真实感受，增强民族自豪感及对伟大祖国的热爱。

2.交流第二个探究任务：

（1）交流圈画出14个陆上邻国：哈萨克斯坦、吉尔吉斯斯坦、塔吉克斯坦、阿富汗、巴基斯坦、印度、尼泊尔、不丹、缅甸、老挝、越南、朝鲜、俄罗斯、蒙古；隔海相望国家：韩国、日本、菲律宾、文莱、马来西亚、印度尼西亚；四大海域：渤海、黄海、东海和南海。台湾岛在祖国的南面。

（2）通过课件内容，了解国家领土，包括领陆、领水、领空和底土。

①领陆是最基本的部分，一国的领陆包括其大陆部分，也包括其所属岛屿。②领水是国家陆地疆界以内的水域和与陆地疆界邻接的一带海域，即内水和领海两大部分。③领空是指主权国家领陆和领海上空的空气空间，是国家领土的组成部分。④底土，亦称之为地下领土，包括领陆的底土、内水和领海的水床和底土，国家对其资源拥有主权。

（3）学生认真观察，发现我们的祖国真大，一个山东省就差不多赶得上韩国呢；海域面积大约是陆地面积的一半……再次感受祖国疆域的辽阔，增加热爱祖国的情感。

3.交流第三个探究任务：

（1）结合自己的学习和老师的讲解，了解了自治区是中国行政区划之一，行政区划级别与省、直辖市、特别行政区相同，是中华人民共和国省级行政区，是中国少数民族聚居地设立的省级民族区域自治地方；直辖市也是省级行政区，是直接由中央人民政府所管辖的建制市；宪法规定，国家在必要时得设立特别行政区，实行"一国两制"。

（2）把"阅读角"和我国省级行政区划的内容整理成的资料，全班交流。结合老师的讲解，知道中国现行的行政区划实行如下：

一级省级行政区包括省、自治区、直辖市、特别行政区。

二级地级行政区包括地级市、地区、自治州、盟。

三级县级行政区包括市辖区、县级市、县、自治县、旗、自治旗、林区、特区。

四级乡级行政区包括街道、镇、乡、民族乡、苏木、民族苏木、县辖区。

同时知道我们学校的行政区划是辽宁省朝阳市建平县红山街道。通过"阅读角"了解到：全国5个自治区分别是内蒙古自治区、新疆维吾尔自治区、广西壮族自治区、宁夏回族自治区和西藏自治区。4个直辖市分别是北京、上海、天津和重庆。两个特别行政区是香港特别行政区和澳门特别行政区。

（3）学生积极踊跃地在地图上找到自己和家人或亲戚朋友出生或生活的地方，并与同学交流，在这种轻松愉快的气氛中加深对省级行政区的认识。

4.大家通过交流，与同学分享，了解台湾省的风景名胜和民风民情以及根据特产取的美称，听到民族英雄郑成功收复台湾的故事、诗朗诵余光中的《乡愁》；加深对"台湾是祖国领土不可分割的一部分"的认识；清楚台湾人民渴望回归祖国怀抱的强烈愿望；增加维护祖国统一和国家安全的意识。

设计意图：新课程标准要求，强化课程综合性和实践性，推动育人方式从传统的学科知识，转向学科实践，着力发展学生核心素养。所以这个环节的教学设计，关注了学生个性化、多样化的学习和发展需求。鼓励学生用自己喜欢的方式说一说对祖国幅员辽阔的了解和感受。大家在表格、图片、文字、朗诵等方式的表达和倾听中，加深了对辽阔国土的理解和感受，使"培养热爱伟大祖国的情感和树立维护国家统一和安全的意识"的教学目标水到渠成。

环节四：当堂训练，巩固新知

教师活动：

1.奖励学生拼图游戏，组织学生进行中国省级行政区的拼图比赛。

2.组织学生小组间互相出题，以打擂台赛的形式进行问答比赛。鼓励学生大胆出题，引导学生使用板书、书中内容或交流过的资料内容出题。

学生活动：

1.全神贯注地进行拼图游戏比赛，在比赛的过程中加深对祖国省级行政区划图的了解。进一步感受国土的辽阔，同时也强化热爱伟大祖国的情感。

2.积极参与比赛，在比赛中巩固知识，加深对祖国的热爱以及台湾省是祖国不可分割的一部分的认识。

设计意图：这个环节的设计，既巩固了本课所学内容，又达到了"教、学、评"一致所期待达到的激励和检测效果。

（二）课堂小结

1.引导学生结合板书内容说说自己在本课所学到的知识，同时表达自己对国土辽阔和神圣的感受以及维护国家安全的意识。

2.在学生分享的基础上总结：像你们说的一样，我们的祖国特别辽阔，台湾自古以来就是我们祖国神圣不可侵犯的领土。我们中华民族经历五千年风雨洗礼，今天以更加昂扬的姿态屹立于世界民族之林。老师相信今天的你们一定会努力充实自己，更坚信明天的你们一定会为维护祖国统一和国家安全贡献出自己的力量，也一定会把我们的祖国建设得更加繁荣富强！

（三）作业设计

1.知识竞赛场：

（1）我们的祖国位于（　　）东部，（　　）西岸。陆地面积（　　）平方千米，仅次于俄罗斯和（　　），是世界上面积第三大的国家。

（2）我国是个海陆兼备的国家。在祖国大陆的东面，自北南，（　　）（　　）（　　）（　　）四海相连。我国近海岛屿众多，（　　）是我国第一大岛。

（3）我国现在有（ ）个省、（ ）个自治区、（ ）个直辖市和（ ）个特别行政区。

2.自选小超市：

（1）我是小宣讲员：从本课中选择自己喜欢的内容，把自己的收获讲给家里人听。

（2）我是小设计师：把今天学到的知识，用自己喜欢的方式，设计成思维导图。

（3）我是小外交官：给台湾小朋友写封信。

（四）参考资料

[1]骆春玲：《民族英雄郑成功》，中国文史出版社，2020年。

[2]《国家版图知识读本》编撰委员会：《国家版图知识读本》，中国地图出版社，2020年。

[3]《中华人民共和国宪法》。

[4]中华人民共和国教育部：《义务教育道德与法治课程标准》，北京师范大学出版社，2022年。

八、教学总结与反思

设计这节课的时候，课前尽量让学生在自主收集资料的过程中进行充分的自主学习和实践，以加深学生的情感体验。因为《我们神圣的国土》一课，着实需要学生课前收集相关资料，在收集和整理资料的过程中加深对国土辽阔的感知和感受。在这个基础上，学生的民族自信心和自豪感才会产生，热爱伟大祖国的情感和维护祖国统一及国家安全的意识这一目标才会真正形成。如果只是单纯地讲授或说教，就会显得肤浅和空洞，教学目标就很难达成。

在学生用数据说明祖国疆域辽阔的环节，引导学生说发现、谈感受不够充分。因为学生用课件讲述的数据特别能激发对国土辽阔的自豪感，更利于培养他们热爱伟大祖国的情感。作为老师应该加强这种能发展学生道德与法治核心素养的点拨和引导，不能忽略这些有价值的细节。

埋爱国种　握手英烈

大连市甘井子区华西小学　韩东东

一、课程基本信息

主讲课程：道德与法治

使用教材版本：人民教育出版社（2019版）

教材章节出处：《道德与法治》五年级下册第三单元《百年追梦　复兴中华》第十课《夺取抗日战争和人民解放战争的胜利》

二、教学设计概述

本节课以共筑国家安全防线为主题，通过讲述革命先烈"夺取抗日战争和人民解放战争的胜利"的故事，引导学生认识到国家安全的重要性，培养学生的爱国情怀。教学设计遵循大中小学思政课一体化的原则，注重课程内容的连续性和层次性。在小学阶段，使小学生了解国家安全的重要性，树立国家安全意识，培养他们自觉维护国家安全的良好习惯，让学生通过学习国家安全相关知识，认识到国家安全与每个人息息相关，激发他们的爱国情怀。到了中学阶段，深化中学生对国家安全的认识，提高他们的国家安全素养；引导学生关注国内外安全形势，培养他们分析问题和解决问题的能力；同时加强法治教育，让学生了解法律法规在维护国家安全中的重要作用。而在大学阶段，进一步提高大学生的国家安全意识，使他们具备较强的法治观念和防范安全风险的能力；使大学生通过深入学习国家安全相关理论、政策和实践案例，培养积极参与国家安全的意识和行动力；此外，加强实践教学环节，提高大学生应对突发事件的能力。

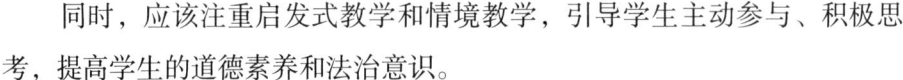

同时，应该注重启发式教学和情境教学，引导学生主动参与、积极思考，提高学生的道德素养和法治意识。

（一）理论依据

1.在最新版《课标》中，该主题涉及的核心素养包括爱国主义精神、民族自豪感、历史使命感等。通过对这一主题的学习，学生将了解我国历史上不甘屈辱、奋勇抗争的英勇事迹，从而培养面对困难和挑战时的勇敢精神和担当意识。

2.在《大纲》中，该主题的教学目标为：使学生了解我国历史上著名的不甘屈辱、奋勇抗争的事件，认识这些事件对民族精神和家国情怀的传承意义；通过分析历史人物的事迹，引导学生树立正确的价值观和人生观，培养学生的社会责任感和使命感。

（二）设计特色

1.情境导入：通过生动的事例、影像资料等，引导学生关注国家安全问题，激发学习兴趣。

2.小组合作：组织学生进行小组讨论、案例分析等活动，培养他们的团队合作意识和分析解决问题的能力。

3.实践体验：课上，由学生来亲自演绎历史人物。课后，设计实践性作业，鼓励学生在课后走出课堂，关注社会实践，将所学知识应用于实际生活中。

4.德育与法治教育相结合：在教学过程中，注重德育与法治教育的有机融合，引导学生树立正确的法治观念，自觉维护国家安全。

5.重视信息技术的作用：利用现代信息技术，增进学生对历史的理解，建立学生实践与分享的网格。如：利用泛在学习空间，实现线上线下教学的深度融合。利用图音视频资源，提高教育教学质量。

通过本教学设计，我们希望引导学生认识到国家安全的重要性，培养他们的爱国情怀和责任担当，为实现中华民族伟大复兴的中国梦奠定坚实的基础。

三、学情分析

（一）思想特点

五年级的学生正处于心智发育的关键阶段，他们开始对国家、社会、家庭等概念有初步的认识。在这个阶段，对国家安全防线的学习能够帮助他们树立正确的国家观念，增强爱国情怀，培养良好的社会责任感。

（二）知识储备

五年级学生在之前的课程中，已经学习了一些基础的知识，如国家、法律、公民义务等，这些知识为他们理解国家安全防线提供了基础。然而，他们对国家安全的具体内容，如网络安全、边防安全、反恐等方面的了解相对较少，需要在教学中逐步补充和完善。

（三）能力水平

五年级学生在接受和理解《共筑国家安全防线》这一主题时，思维能力、分析问题和解决问题的能力逐渐提高。他们能够通过教师的教学和讨论，逐步了解国家安全的重要性，认识到每个人都负有维护国家安全的责任。在教学过程中，教师应注重培养学生的实际操作能力和应变能力，使他们能在实际生活中践行共筑国家安全防线。综上所述，五年级学生在学习《共筑国家安全防线》这一主题时，他们的认识、接受以及理解情况总体上是积极的。然而，教师在教学过程中还需关注学生的个体差异，因材施教，以提高教学效果。同时，教师应尽量将理论知识与实际案例相结合，激发学生的学习兴趣，帮助他们更好地理解和掌握这一主题。

四、教学目标

1.感受九一八事变、南京大屠杀等历史事件带给中华民族的巨大灾难。认识九一八事变、南京大屠杀等历史事件在中国人民心中是极其屈辱的记忆，深刻认识到它是民族的苦难、国家的灾难。加强对"铭记历史，勿忘国耻"的教育。了解中国近现代史上不甘屈辱、奋勇抗争的重要历史事件，认识到这些事件对中国历史的推动作用。

2.学习不甘屈辱、奋勇抗争的历史人物及其事迹，了解他们的担当精神和责任意识。感受中华民族"不畏强暴，血战到底"的英雄气概。了解在抵御外来侵略、保家卫国的战争中的革命英雄人物背后的感人故事，了解其所展现出的视死如归、宁死不屈的民族气节背后的原因。

3.明确中华民族的英雄儿女面对国家安全的前赴后继、英勇奋斗、义无反顾的原因，感受取得了反帝反封建的新民主主义革命的胜利，迎来民族独立和人民解放后国家繁荣富强的喜悦。增强民族自豪感、国家认同感，了解国家安全的概念、国家安全对国家和人民的重要性。明确意识到自己是国家的一员，有责任为国家繁荣富强贡献力量。认识到个人责任与国家命运的关系，自觉践行社会主义核心价值观。养成面对困难和挑战，勇于担当、不屈不挠的精神品质。激发自身对国家安全意识的重视，树立维护国家安全的责任感和使命感。

五、教学重点难点

（一）教学重点

1.了解日本帝国主义带给中华民族前所未有的巨大灾难，感受九一八事变、南京大屠杀给中华民族带来的屈辱，明确这是民族的苦难、国家的灾难。

2.学习具有爱国精神的中华儿女万众一心，众志成城，为民族、祖国而战背后的英勇悲壮的感人故事，感受他们"不畏强暴，血战到底"的英雄气概。

3.明确中华民族的英雄儿女面对国家安全的前赴后继、英勇奋斗、义无反顾的原因，感受取得了反帝反封建的新民主主义革命的胜利，迎来民族独立和人民解放后国家繁荣富强的喜悦。

（二）教学难点

1.在夺取抗日战争胜利和人民解放战争的历史背景下，认识到国家安全对人民、祖国发展起到的决定性作用。

2.认识到个人责任与国家命运的关系，自觉践行社会主义核心价值观。

激发自身对国家安全意识的重视，树立维护国家安全的责任感和使命感。

六、教学设计总体思路

1.通过泛在学习空间的教学资源，为孩子们展现国家屈辱史给中华民族带来的苦难，加深学生对民族苦难的认知。再将真实的情境带入课堂，创设"践行国家安全，我能做些什么？"的真实情境，激发学生学习的兴趣。同时通过提问的方式引导学生回顾与之相关的知识，为新课的学习做好铺垫。

2.讲述为了国家安全所进行的抗日战争和人民解放战争的基本情况，包括战争背景、主要战役和英雄人物的事迹。同时，选取具有代表性的战役和英雄人物事例，让学生深入了解抗日战争和人民解放战争的艰苦卓绝及背后的精神内涵。接着，就抗日战争和人民解放战争对当今社会国家安全的启示开展讨论交流，鼓励学生发表自己的看法和感悟。

3.总结本节课的难点内容，强调爱国精神的重要性以及个人责任与国家命运的关系。

4.将情境落实到位，在班级范围内张贴心愿国旗，形成教育闭环。布置有关抗日战争和人民解放战争的英雄人物事迹收集活动，巩固课堂所学内容。利用泛在学习空间，设置《保卫国家安全，我在行动》活动，引导将心愿付诸行动，跟踪学生的学习实践。

七、教学过程

（一）教学流程设计

环节一：观血与泪，埋爱国种

教师活动：

1.播放"9·18国难日"鸣笛音频，同时出示日本帝国主义一张张践踏中国大地，残害中国人民的图片。

铭记历史，勿忘国耻。作为新时代的小学生，我们有义务为国家安全作出自己的贡献。这节课就让我们通过学习《夺取抗日战争和人民解放战争的胜利》这一课，明确作为小学生，我们能为国家安全做些什么？

2.随着1931年9月18日夜晚10点20分南满铁路柳条湖段剧烈的爆炸声，日本帝国主义开始了以武力征服泱泱华夏侵略的行动。中国的抗日战争就此拉开帷幕。国家危在旦夕，人民困苦不安、水深火热，人民在当时遭受的苦难，你有了解吗？看了之后，你有什么感受？

3.具体介绍"南京大屠杀"历史事件。通过展示南京大屠杀的真实记录照片（轰炸、集体屠杀、杀人竞赛、文化掠夺、抢劫纵火）创设情境：在每个中国人的心中，九一八事变、南京大屠杀都是极为屈辱的记忆，它是民族的苦难、国家的灾难。可是我们的国家需要安全的环境，孩子的成长，社会的发展都需要建立在良好的环境下。在面对民族存亡的空前危机时，具有爱国精神的全体中华儿女万众一心，众志成城，保卫国家安全。我们来看看他们的故事。

学生活动：

1.认真观看图片。

2.就自己所了解到的有关于日本帝国主义的恶行，比如731部队的残酷行径，谈谈自己对于这些行为的看法，表明自己的态度。

设计意图：通过展示国难日的图片和介绍屈辱的历史，更直观地让学生深刻认识到国家曾经遭受的磨难和损失，从而激发爱国情怀。与此同时，让学生了解国家历史，让他们明白国家安全的重要性，从而培养他们热爱祖国、为国家利益着想的情怀。通过讲述屈辱历史，让学生认识到国家安全意识的内涵和实践意义，使他们明白维护国家安全是每个人的责任，进而提高国家安全意识。国难日的历史教训也有利于激发学生们的民族精神，而创设的情景，让孩子们说出自己的心愿，也能让他们增强历史使命感，在面对困难和挑战时勇往直前，为国家的繁荣富强贡献力量；使他们充分认识到自己肩负着传承历史、开创未来的使命，从而更加珍惜当下、努力奋斗。在交流这段屈辱历史事件的过程中，鼓励学生积极参与、发表自己的看法和感悟，有助于培养他们的团结协作精神和批判性思维能力。

环节二：握手英烈，交换心愿

教师活动：

1."战死者光荣，偷生者耻辱。"看啊，听他们来讲述属于他们的故事，述说他们的惦念。组织观看课堂情景剧《炙热的心》。

2.播放背景音乐，以幻灯片出示赵一曼的照片。一身粗布红衣，一把手枪，骑着一匹白马，冒着枪林弹雨冲锋在如火如荼的战场，她，就是让日本鬼子闻风丧胆，被誉为"白山黑水"的抗日女英雄：赵一曼。

3.在牺牲的最后时刻，赵一曼为儿子写下了一封遗书：母亲对于你没有尽到教育的责任，实在是遗憾的事情。母亲因为坚决地做了反满抗日的斗争，今天已经到了牺牲的前夕了。母亲和你在生前是永远没有再见的机会了。希望你赶快成人，来安慰你地下的母亲！我最亲爱的孩子啊！母亲不用千言万语来教育你，就用行动来教育你。在你长大成人之后，希望不要忘记你的母亲是为国而牺牲的。1936年秋，赵一曼被日军杀害，年仅31岁。她用自己年轻的生命践行了抗击日寇、保家卫国的铮铮誓言。

学生活动：

1.学生（观众）有序坐好，认真观看情景剧。

2.学生（演员）依次上场，完成表演。（赵一曼）1931年，日军发动九一八事变后，我被中国共产党派往东北地区领导革命斗争。1935年冬，我在与日军作战中为掩护部队突围，不幸中弹被俘。日军知道我是东北抗日联军的一个重要人物，想从我嘴里掏出有价值的东西，但是我一个字也不说。凶狠的敌人开始用马鞭抽打着我流血的伤口，我的手指被钉满了竹签。面对严刑拷打，我瞪着审讯他的人，从未喊叫。敌人被逼急了，将烧得红红的烙铁烧我的皮肉，发疯般地问我："你到底说不说？"我慢慢地抬起头，看了眼敌人，坚定地说："你可以让整个村庄炸成瓦砾，把人剁成烂泥，可是你们消灭不了共产党员的信仰。"日军知道从我口中得不到有用的情报，决定把我送回珠河县处死。

教师活动：中华民族是一个从来不屈服于外来压力的伟大民族，有着与敌人血战到底的英雄气概。每当遇到外敌入侵时，中华民族的英雄儿女便会在爱国主义精神的指引下，挺身而出，共赴国难，不惜用鲜血和生命，维护祖国的独立和领土完整。从1925年加入革命队伍到1940年壮烈牺牲，杨靖宇用短短15年的时间书写了不朽诗篇，用自己的热血浇铸了一座巍峨的丰碑，永远竖立在祖国和人民的心中。

学生活动：（杨靖宇）我原名马尚德，杨靖宇是我的化名，由于前期革命危险重重，为了不连累到家里人而改了名。我幼时读书很用功，尤其喜爱听英雄故事。古往今来英雄们艰苦征战、宁死不屈的高尚品质，深深地感染着我。1927年5月，我终于光荣地加入了中国共产党。1933年9月，由于抗日工作的需要，我来到东北，担任南满游击队政治委员。此时，日本帝国主义原想把东北作为入侵中国的踏脚石，可惜日本人算错了，我们的抗日队伍用游击战，给敌人当头一棒。

1940年初，正是长白山最冷的时候，东北抗日联军战士依然出没在白山黑水之间，与日寇周旋。日、伪军以分兵合击、紧咬穷追等手段"讨伐"东北抗联，使得东北抗联损耗极大。为了保存力量，我决定把部队化整为零，分散活动。由于艰苦的环境和连续作战，我们的400多人的队伍不断减员。到1940年1月底的时候，我所率领的队伍仅剩6人，身后则是穷追不舍的日军。2月18日，我身边仅有的两名战士也在寻找粮食的过程中不幸牺牲。我孤身在东北密林的茫茫雪原中，与日军周旋五天五夜，英勇搏斗。23日，在蒙江县西南区陷入重围。

教师活动：

1.曾当过杨靖宇身边警卫战士的黄生发老人回忆道："当时天气很冷，我们的棉衣又不齐，有的同志手脚都被冻伤了。可是敌人的部队越集越密，讨伐越来越频繁，很难得到休整的机会。雪地行军，裤子总是湿的，让寒风一吹，冻成冰。很难打弯，也不知有多沉，迈步都吃力。鞋子跑烂了，就割下几根柔软的榆树条子，从头拧到尾，当作绳子把鞋绑在脚上。衣服被树枝扯烂了，白天黑夜都挂着厚厚的霜，浑身上下全是白的，全是凉的。"一句"火烤胸前暖，风吹背后寒"生动描述了抗联战士们当时的艰苦。

更难的是没有吃的，杨靖宇和抗联战士们就吃那难咽的树皮。杨靖宇牺牲后，残暴的日寇割下了他的头颅，剖开了他的腹部，发现胃肠里尽是枯草、树皮和棉絮，没有一粒粮食。即使是恨他入骨的日本军人也为之震动。

杨靖宇用鲜血浇灌着和平之花，用生命捍卫了人类的正义。

2.总结并引导学生讨论。不仅是赵一曼、杨靖宇，在抵御外来侵略、保家卫国的战争中，"不畏强暴，血战到底"的革命英雄还有很多。每一个人的背后都有一段可歌可泣的感人故事，都有一曲荡气回肠的爱国之歌。请大家想一想，他们为什么要这么做，哪怕是牺牲自己？

学生活动：

1.讨论交流英烈们这样做的原因。

2.讨论交流抗日战争和人民解放战争对当今社会国家安全的启示。

教师活动：

1.他们已经牺牲，但是他们还有很多心愿……

播放音频：（赵一曼）我们的战争胜利了吗？孩子们现在生活得怎么样？一家人能团聚在一起吗？（杨靖宇）现在的大雪天还像之前那么冷吗？百姓们能吃饱饭吗？重要的是：现在你们过得好吗？战争结束了吗？

他们的惦念就是他们的心愿啊！为了现今国泰民安，他们奉献了自己的生命。现在的繁荣昌盛、岁月静好（幻灯片展示：当代生活的繁荣富强的图片），是他们在负重前行啊！请你想一想为了捍卫国家的安全，不让祖国重蹈历史覆辙，现在的你有什么样的心愿？先想一想，再写到你的心愿卡上。

2.组织交流，并引导学生将心愿卡粘贴到国旗的背面。

学生活动：书写心愿卡，并在全班范围内交流。

设计意图：让学生在课堂上扮演革命先烈讲述自己的故事，可以增强真实性。通过让学生扮演革命先烈，让他们亲身体验和了解革命先烈的艰辛历程，使课堂教育更加生动真实，同时可以培养学生的同理心。再让学生进行案例分析，让学生站在革命先烈的角度，感受他们为国家和民族付出的巨大牺牲和努力，从而培养学生的同理心和社会责任感，进而传承革命精神。通过讲述革命先烈的故事，让学生了解革命先烈的崇高精神和坚定信念，传承红色文化，激发他们的爱国情怀。

这种方式，可以提高爱国主义教育效果，让学生亲身参与角色扮演，使他们更加深刻地认识到国家历史的伟大和先烈们事迹的英勇，从而提高爱国主义教育的实效。激发学生的历史使命感，通过扮演革命先烈讲述自己的故事，让学生认识到自己肩负着传承历史、开创未来的使命，从而更加珍惜当下、努力奋斗。

（二）课堂小结

勿忘国耻，众志成城。通过今天的学习，我们了解到国家安全是国家的基石，关系到国家的繁荣昌盛和人民的幸福生活，而国家的安全也需要我们每一位中国人共同来守护。作为小学生，我们也要埋下一颗爱国的种子，等到长大了，为国家安全贡献自己的力量。

通过这节课，我们都提高了自己的国家安全意识，明确了为国家安全应承担的责任与使命。让我们携手共进，为实现中华民族伟大复兴的中国梦而努力奋斗！

（三）板书设计

夺取抗日战争和人民解放战争的胜利

勿忘国耻　国泰民安

众志成城　我的心愿

（四）作业设计

基础作业：

1.将心愿卡填写完整，并将实现心愿的过程上传到泛在学习空间，分享给每一个同学。

2.收集抗日小英雄的故事。并将文字记录下来，与好朋友、父母分享。

选做作业：尝试把你收集到的故事，结合你的心愿，编写成一个小情景剧的剧本，再和同伴一起演一演。

（五）参考资料

[1]《聆听党史故事　传承革命精神：东北抗日女英雄——赵一曼的故事》，https：//www.sohu.com/na/467133066_121106854.

[2]《缅怀先烈　致敬英雄：杨靖宇将军的故事》，https：//www.sohu.com/a/306020706_120047484.

八、教学总结与反思

优点：

1.运用信息化技术，增强学生的历史责任感。通过展示国难日的图片和介绍屈辱的历史，让学生直观并深刻认识到国家遭受的苦难和先烈们的英勇奋斗，从而增强他们保家卫国的历史责任感。

2.利用角色扮演，建立国家安全的责任感。让学生扮演革命先烈讲述自己的故事，有助于传承革命精神，培养学生的爱国情怀。通过共筑国家安全防线教育，让学生了解国家安全的重要性，提高他们的国家安全意识。这种方式可以激发学生积极参与维护国家安全的行动，为国家的繁荣昌盛贡献自己的力量。

不足：

1.播放国难日的图片和介绍屈辱的历史可能会引发部分学生产生负面情绪，影响课堂氛围。教学内容过于沉重，这种方式可能使部分学生感到沉重。

2.部分同学难以理解国家安全是与我们每个人息息相关的。教师还要进行进一步的教育教学，引导他们正确认识。另外学校有一部分学生是外国籍，容易引发矛盾，教师应该在课堂上做好协调。

保家卫国　独立自主

大连市长海县广鹿岛镇中心小学　杨洪妮

一、课程基本信息

主讲课程：道德与法治

使用教材版本：人民教育出版社（2019版）

教材章节出处：《道德与法治》五年级下册第三单元《百年追梦　复兴中华》第十一课《屹立在世界的东方》

二、教学设计概述

本课依据《义务教育道德与法治课程标准（2022年版）》中主题四"课程内容"（三）第三学段（5—6年级）中"中华优秀传统文化与革命传统教育"部分的"了解人民军队在不同时期称谓的演变，了解人民军队的革命历史、英雄人物，感受人民军队英勇顽强、不怕牺牲的革命精神。了解中国共产党的成立以及中国共产党带领中国人民取得革命胜利的历史，激发热爱中国共产党的情感"。此部分的学业要求中也强调，通过本学段学习，学生能够初步了解我国社会主义国家建设的历程及形成的革命精神，知道只有中国共产党才能救中国、只有中国特色社会主义才能发展中国的道理。

本单元共六个主题，以时间为脉络，以精神为核心，呈现了近代以来，中国人民为实现民族复兴走过的历史进程。《屹立在世界的东方》是本单元的第五个主题，让学生了解中华人民共和国成立以来，在中国共产党的领导下，全国人民自力更生、艰苦奋斗，在"一穷二白"的基础上，建设伟大祖国的历史；了解社会主义建设突飞猛进，取得了世界瞩目的成就；感受新中国建设者奋力拼搏、不畏艰难、为国献身的爱国热情和爱国精神。

　　《保家卫国　独立自主》是这一主题的第二课时，这一课时重点学习新中国成立初期抗美援朝战争的胜利，以及新中国如何在西方帝国主义的阻力下成功开展外交的历史史实。新中国凭借捍卫和平、保家卫国的决心和独立自主的外交政策赢得更多国家对新中国的尊重与认可，屹立在了世界的东方。

三、学情分析

　　课前对任教的五年级学生进行了抗美援朝战争历史知识理解程度的访谈。通过交流发现，五年级学生对于新中国的建立以及新中国成立后面临的困难和发生的巨大变化了解不多，更多的是借助影视作品知道了部分历史故事；对新中国发生的一些重大事件，以及新中国的奋斗历史也缺乏了解。所以，本课时的教学要让学生对新中国成立后中国共产党如何带领人民自力更生、艰苦奋斗取得了伟大的成就，通过分析史实资料，让学生对这一波澜壮阔的年代有更深入而真实的了解，从而感受中华民族是如何一步步走上国际舞台，崭露头角，建立威望的。

四、教学目标

（一）学习目标

　　1.了解抗美援朝战争"保家卫国"的历史意义。

　　2.通过交流英雄事迹，体会中国人民志愿军保家卫国、舍生忘死的革命精神。

　　3.了解新中国和平共处五项原则等外交政策以及所取得的外交成就，强化民族自豪感。

（二）核心素养目标

　　1.政治认同：理解抗美援朝战争胜利的伟大意义，热爱伟大祖国。

　　2.道德修养：了解抗美援朝战争中志愿军克服困难、英勇奋战的英雄事迹，学习英雄人物为了祖国和人民的利益奋不顾身、舍生忘死的爱国主义精神。

3.法治观念：了解新中国的和平外交政策及这些外交政策对国际间交往的影响。

4.健全人格：初步了解和平共处五项原则的内容和它在新中国与世界各国交往中发挥的重要作用，尝试理解国家外交政策制定的意义，建立正确世界观。

5.责任意识：了解新中国抗美援朝战争伟大胜利的历史意义，建立国家利益高于一切的思想意识；认识到新中国走上世界舞台的历史意义，增强民族自豪感和爱国情感。

五、教学重点难点

1.了解抗美援朝战争的历史意义，了解新中国成立初期的外交政策和外交成就。

2.了解新中国外交成就对中国未来发展的重要意义。

六、教学设计总体思路

（一）感知

以抗美援朝战争背景的电影多媒体片段导入本课，激发学生的学习兴趣。之后学生通过教材简单了解中国抗美援朝、保家卫国的历史。在教材知识的基础上，辅以习近平总书记对抗美援朝战争伟大胜利的评价，让学生进一步深刻认识抗美援朝战争胜利的重要意义。

（二）明理

在本环节中，针对"保家卫国"一词的说法引发学生思考，让学生进一步理解这场战争的意义所在。多媒体视频对英雄人物事迹的介绍与呈现更是充分地让学生体会了解中国人民志愿军为什么会被称为最可爱的人，了解志愿军保家卫国、舍生忘死的革命精神。

（三）行动

此环节中，教师首先让学生了解了新中国成立之初面临的外交困境，继而通过"外交活动时间轴"的设置为学生梳理呈现新中国成立初期外交大事件以及这些外交事件背后的意义，期间也为学生呈现我国的相关外交政策。

（四）拓展

这一环节通过拓展延伸，让学生了解中国在外交政策的指引下，主动承担大国责任，中国朋友圈的扩大以及中国在国际关系中地位的提升，激发学生民族自豪感。作为本课的教学难点设置，也让学生初步了解中国现在外交活动的真正意义所在，从小树立正确的世界观、人生观，认同自己的祖国。

七、教学过程

（一）教学流程设计

环节一：感知

教师活动：

1.播放电影《长津湖》预告片。同学们知道这部电影的名字吗？长津湖的故事发生在哪一场战争呢？（板书：抗美援朝）

2.艰苦的抗美援朝战争是怎样发生的？结果如何？这场战争有什么历史意义？请同学默读教材第79页内容，画出战争发生的起因经过和结果。课件出示学习要求。

3.习近平总书记也高度赞扬了抗美援朝的伟大胜利，听一听他是怎么说的。出示习语金句，播放视频资料。

学生活动：

1.观看视频片段，回答问题。

2.带问题自读教材，解决问题并交流讨论。

设计意图：此环节设计属于教师有意识引导学生带着问题学习、思考，由此让学生了解抗美援朝战争的历史意义。

环节二：明理

教师活动：

1.抗美援朝战争又被中国称为"保家卫国"战争。对于这个课题大家有什么想问的吗？

2.听了同学们的问题，老师也有一个问题请大家思考：在抗美援朝战争

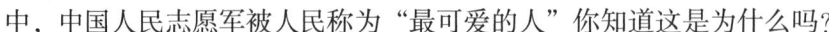

中，中国人民志愿军被人民称为"最可爱的人"你知道这是为什么吗？

3.抗美援朝战争中像邱少云这样的英雄还有很多，我们不能一一介绍。同学们听过"冰雕连"这个名字吗？他们是怎样一群人？我们通过一段视频看一看。

4."冰雕连"精神感天动地，那首绝笔诗更加凸显了志愿军战士为了保家卫国不怕牺牲的革命精神。让我们重温那振奋人心的诗句。

5.从诗句中同学们能感受到我们的志愿军战士是一群什么样的人吗？

6.这样的志愿军战士值得我们敬仰，他们用生命为我们换来了如今和平的年代，他们都是最可爱的人。

7.出示世界地图，找学生指出中国、朝鲜、美国的位置，观察中国、南北朝鲜及美国的位置。在抗美援朝战争中，中国、朝鲜、美国分别扮演了什么角色？美国为什么选择朝鲜来侵略呢？

8.朝鲜为什么会被侵略？其主要原因是国家没有独立自主的意志，无力对抗世界强权国家，导致国家主权被侵害。因此，一个国家想要在世界舞台站住脚，就必须做到独立自主。（板书：独立自主）

学生活动：

1.针对课题"保家卫国"进行质疑。

2.观看视频片段，集体朗读"冰雕连"战士遗作，激发情感。

3.观察地图，寻找中国、朝鲜半岛、美国的地理位置。

4.针对老师的问题进行讨论交流。

设计意图：此环节借由视频与文字这样的鲜活手段激发学生产生对革命先烈的崇敬之情。教师借由对朝鲜战争各国位置的不同，初步引导学生探寻抗美援朝战争发生的原因，继而更加明白抗美援朝战争的伟大历史意义，认识到抗美援朝战争胜利有力地巩固了新生的人民政权。

环节三：行动

教师活动：

1.新中国成立后，以美国为首的帝国主义敌视中国，在政治上孤立中国，在经济上封锁中国，在军事上包围中国。抗美援朝胜利后更是这样，作为主权国家的中国在一些国家的打压下连正常的列席联合国大会的资格都没有。这种情况下，中国人民屈服了吗？为了更好地走上世界舞台，让世界人民知道中国，我国老一辈外交工作者在新中国成立初期开展了各种外交活动，制定了各项外交政策。

2.课件出示新中国"外交活动时间轴"，出示重大外交事件年代时间，标注"1954年"与周恩来访问印度照片。照片背后有什么故事呢？请阅读教材80页寻找答案。

3.故事中提到的"和平共处五项原则"，同学们知道它的具体内容是什么吗？出示和平共处五项原则内容，让学生读内容。通过这些内容，你能看出中国采取的外交政策是什么吗？

4.之后还有哪些重大事件呢？请同学们自读教材第80—81页内容，在小组内说一说这些外交事件的重要意义。

5.讲述万隆会议前"克什米尔公主号"飞机事故。

6.之后还有哪些重大事件发生呢？

7.播放《乒乓外交》视频。在中国恢复联合国合法权益之前，还发生过一个有趣的外交小故事，在这个故事里，乒乓球成为主角，这就是著名的"乒乓外交"故事，通过一段视频我们一起去了解一下。

8.新中国成立后，面对着外交上的层层阻碍与重重压力，中国老一辈外交工作者在不懈努力下，取得了一项又一项的重大外交成果，重返联合国是中国外交的重大胜利。中国能够站上联合国的舞台说明了什么呢？

学生活动：

1.带任务自读教材，结合"新中国外交活动时间轴"寻找相关信息，了解相关内容。

2.观看《乒乓外交》视频片段。

设计意图：此环节意在帮助学生了解中国在世界外交活动中采取的独立自主的和平外交政策，了解和平共处五项原则诞生的重要意义。利用故事、视频片段向学生展示新中国成立初期面临的外交困境及老一辈外交家为争取和平的外部环境、打开外交局面所作出的不懈努力。

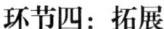

环节四：拓展

教师活动：

1.正因为奉行独立自主、互利共赢的外交政策，中国的朋友越来越多。截至2024年，全球233个国家和地区中已有181个国家和地区与中国建立外交关系。中国在世界各国的外交事务中也发挥着越来越重要的作用。

2.课件播放中国外交大事图片，教师辅助说明。

3.通过本课学习，同学们了解了抗美援朝战争的历史与新中国成立后我国外交工作人员为了国家的利益积极开展的工作。在志愿军战士及我国老一辈外交工作者身上我们能够学到什么呢？

学生活动：

1.观看中国外交大事件图片，了解中国外交成就。

2.思考教师提出的问题，并交流自己的想法。

设计意图：此环节旨在引导学生拓展了解当今中国的外交成就和在国际舞台上发挥的作用，感悟我国外交的发展与成就离不开祖国的强大。

（二）课堂小结

本课教学旨在帮助学生了解中华人民共和国成立后依旧面临很多的困难、挑战。但是，在中国共产党的领导下，我们战胜了一切威胁我国和平环境的外来因素。在全国人民的努力奋斗下，在政治、外交方面取得了重大的成就，新生的中华人民共和国屹立在世界的东方。对学生进行传统文化和革命传统教育，激发学生爱党爱国的情感，坚定学生对国家的政治认同。

（三）板书设计

11.屹立在世界的东方

保家卫国　独立自主

抗美援朝

和平外交

（四）参考资料

[1]电影《长津湖》片段，https://www.bilibili.com/video/av935627425/.

[2]冰雕连事迹介绍视频片段，https://haokan.baidu.com/v?pd=wisenatural&vid=9405987071592179049.

[3]纪录片《乒乓外交》片段，https://haokan.baidu.com/v?pd=wisenatural&vid=7767252710793915419.

八、教学总结与反思

　　《保家卫国　独立自主》一课的教学内容分为两大部分，第一部分为引导学生带问题简要了解抗美援朝战争的过程，以便能够很好地了解抗美援朝战争"保家卫国"的历史意义。通过讲述英雄人物的事迹，让学生感受志愿军战士英勇顽强、不怕牺牲的革命精神。教学过程中的这一部分内容，让学生能够较好地理解教师的各环节教学意图，通过教师提供的教学素材，结合教材内容进行主动探究学习，教学目标基本达成。第二部分为"独立自主"内容，相较于第一部分内容教学的顺利进行，由于这一部分的历史内容距离学生生活比较远，因此我选择了外交大事件年代轴的形式对新中国成立的外交大事件进行梳理，利用外交事件中典型的外交活动案例帮助学生了解历史，并使其能够学会利用所学知识指导自己的行为习惯。本课教学中，通过各种灵活多样的情境创设拉进学生与所学内容之间的距离，很好地激发了学生学习本课的兴趣。

奋力绘就强国强军新画卷

朝阳凌源市刀尔登中心小学　高　超

一、课程基本信息

主讲课程：道德与法治

使用教材版本：人民出版社、人民教育出版社（2021版）

教材章节出处：《习近平新时代中国特色社会主义思想学生读本（小学高年级）》第十二讲《强国必须强军》

二、教学设计概述

（一）设计思路

本教学设计旨在通过系统的教学安排，使学生深刻理解"强国必须强军"的深刻内涵，认识到国防建设对于国家安全和发展的重要支撑作用。在教学过程中，我将以历史与现实相结合、理论与实践相结合的原则，引导学生通过案例分析、讨论交流等方式，深入探讨强军对于强国的重要性，培养学生的国家安全意识和国防观念。

（二）理论依据

1.国家安全理论：国家安全是国家生存与发展的基本前提，强军是维护国家安全的重要保障。通过强化国防建设，能够有效捍卫国家主权、安全和发展利益。

2.历史唯物主义：从历史的视角看，强大的军队是国家强盛的重要支撑。历史上许多国家的兴衰变迁，都与军事力量的强弱密切相关。

3.国防教育理论：国防教育是全民教育的重要组成部分，通过国防教育，能够增强全民国防观念，提高国家整体防御能力。

（三）设计特色

1.案例教学：结合国内外历史上与当下的典型案例，如抗日战争、抗美援朝等，让学生深刻认识到强军对于国家安全的重要性。

2.互动讨论：鼓励学生进行小组讨论，分析当前国际形势，探讨我国国防建设的现状与挑战，培养学生的思辨能力和分析能力。

3.多媒体辅助：利用多媒体教学手段，如视频、图片等，生动展示我国国防建设的成就，增强学生的直观感受。

4.实践活动：组织学生参观军事博物馆、军事训练基地等，让学生亲身感受军队的威严与力量，增强国防意识。

期望学生能够通过本教学设计，深刻理解"强国必须强军"的重要性，树立正确的国防观念，为培养新时代的国防建设人才打下坚实基础。

三、学情分析

小学高年级学生好奇心旺盛，对新鲜事物充满兴趣，对我国军队、军人有一定的崇敬之情，但是具体将中国梦和强军梦联系起来还比较困难；已认识和掌握一定的道理观念，对社会现象开始关注，对国家概念的理解开始形成，开始有独立见解，但对"强国必须强军"这样较为抽象的概念理解尚浅。他们的见解极易受外界影响而时常变化。

"强国必须强军"是一个较为抽象的概念，虽然这个年纪的学生已经具备简单的收集资料和分析资料的能力，但将资料与价值理念相联系进行整合分析的能力还显不足，因此可能需要一段时间来适应和接受这一内容。学生对"强国必须强军"的理解可能还停留在表面，对于其背后的原因和意义的了解还不够深入。在教学中，需要逐步引导学生深入思考，帮助他们理解强军对于国家发展和安全的重要性。

四、教学目标

1.深刻理解"强国必须强军"的战略意义，认同国家强大的国防力量对于国家安全和发展的重要性，增强国家意识和民族自豪感。

2.通过讨论和案例学习，培养爱国爱军的高尚情操，强化道德责任感和使命感，鼓励在日常生活中践行爱国主义精神。

3.了解国防建设和军队发展是在法治轨道上进行的，强化法治意识，认识到遵守国家法律法规是每个公民的基本义务。

4.通过教学活动，形成健全的人格，培养独立思考、勇于担当、团结协作的品质，为成为合格公民和未来社会的栋梁打下坚实基础。

5.认识到自己作为未来国家建设者和保卫者的责任，从小事做起，为国家的繁荣富强和军队的现代化建设贡献自己的力量。

五、教学重点难点

首先，帮助学生深入理解强国与强军的紧密关系，认识到强大的国防力量是国家繁荣稳定的重要保障。其次，探究强军建设的深远意义，让学生明白强军不仅是维护国家安全的需要，也是实现民族复兴的基石。

同时，分析当前国家面临的安全挑战，培养学生的危机意识和紧迫感。在此基础上，探讨国防建设的策略和方法，提高学生的战略思维能力和分析能力。

此外，教学设计注重培养学生的国防意识和国家责任感，通过多种形式的活动和讨论，激发学生的爱国热情，提升他们的思辨能力。

六、教学设计总体思路

首先，我们强调以学生为中心，结合学生的年龄和认知水平，采用直观、生动的教学方法，如案例分析、角色扮演、小组讨论等，让学生在积极参与中感受和理解强国与强军的内在联系。

其次，根据教学内容，我们注重将抽象的理论知识与实际生活相结合，通过图文并茂、音视频等多媒体手段，让学生在具体的情境中深入探究强军建设的意义，激发他们的学习兴趣和思考动力。

再次，我们灵活运用信息化手段，如在线互动平台、教育软件等，为学生提供丰富多样的学习资源和学习途径，增强教学的互动性和趣味性，培养学生的自主学习能力和信息素养。

七、教学过程

（一）教学流程设计

环节一：导入新课

教师活动：播放习近平总书记军旅生活视频。请你阅读教材，了解习爷爷在军队的故事，说说这些故事让你有什么感受，说明了什么。

学生活动：

1.观看视频短片，介绍自己搜索到的信息。（空军、海军、陆军、航母等）

2.阅读教材谈体会：习爷爷一直在关注和推动军队的建设。

设计意图：有助于增强学生的国家意识、国防观念、纪律性和团队精神，同时也有助于拓宽学生的知识视野、激发爱国情感以及促进跨学科学习。

环节二：讲授新课①国防和军队

教师活动：

1.出示教材内容带领学生阅读。

鸦片战争之初，中国经济占全球经济总量近1/3，而英国为1/10。但我国与英国军事上的巨大差距，使第一次鸦片战争以中国战败并赔款割地而告终。

抗美援朝战场上，我军一次次胜利，赢得了对手由衷的敬畏和尊重。最终，停战协议顺利签订，为新生的中华人民共和国赢得了国际地位和和平发展环境。

历史无数次证明，刺刀下的"和约"签得再多，也未必能保证和平，没有一支强大的人民军队，话语权和主权就无从谈起。

当前，世界面临百年未有之大变局，我国发展正处于重要战略机遇期。军队强则国家强，军队弱则国家弱。只有具备遏制战争的能力，才能避免战争；只有具备能打胜仗的能力，才能避免打仗。

2.习爷爷说："能战方能止战，准备打才可能不必打，越不能打越可能挨打。"为什么习爷爷这样说？

学生活动：小组讨论，回答问题。

环节三：讲授新课②和平需要保卫

教师活动：

1.展示也门撤侨事件照片，根据教材简单介绍这张照片的背景。如果我们没有强大的海军，会有什么后果？

2.出示国家博物馆的蓝色贝雷帽，引导学生观察并了解什么是维和部队，再通过中国维和部队获得世界赞誉、英勇事迹，感受当前中国军队是一支优秀的、过硬的队伍。

学生活动：观看短片，观察并了解什么是维和部队。

环节四：讲授新课③建设世界一流军队

教师活动：

1.展示图片，让学生给图片排序。通过排序，观察有哪些变化，这样的变化说明了什么？

2.结合教材第76页，说说有这样的军队保护，让你有什么感受。

3.展示抗洪救灾、汶川地震和抗击新冠疫情期间军队参与救援的数据、图片和故事。①抗洪救灾时，战士连夜递交了10封入党申请书。②汶川地震时，三天内16万官兵进入灾区。③1400名军队的医护人员承担起火神山专科医院医疗救治任务。

说说以上资料内容如何体现出"听党指挥、能打胜仗、作风优良"的强军目标。

学生活动：

1.小组讨论思考回答问题。

2.分享介绍自己搜索的抗洪、救灾、抗疫的图片及故事。

设计意图：

1.让学生通过习近平总书记对军队的关注，感受党和国家对军队建设的重视；通过对历史资料的对比了解，初步领悟关于战争与和平的辩证关系。

2.通过也门撤侨和维和部队的具体事例，引导学生进一步了解世界局势，认识到我们今天能够生活在和平之中，是因为人民军队的守护，激发学生的感激崇敬之情，加深对战争与和平辩证关系的认识。

3.将军队的事迹、数据和强军目标联系起来，拉近人民军队和学生的距离。让学生深刻感受人民军队始终和人民同呼吸、共命运，哪里有危险，哪里就有人民子弟兵，加深对强国必须强军的认识。

4.联系学生生活实际，引导学生感受"军民鱼水一家亲"的深刻含义，懂得作为小学生也应当用实际行动拥军，热爱人民军队，树立为祖国国防事业贡献力量的理想。

（二）课堂总结

在当今世界，和平与发展仍是时代主题，但国际形势复杂多变，安全挑战层出不穷。强军建设不仅是维护国家安全的需要，更是实现国家繁荣富强、民族复兴的必然要求。而强军建设的最终目的是为人民谋福祉。一个强大的军队能够为人民提供安全稳定的社会环境，保障人民的生命财产安全。同时，强军建设还能带动就业、促进地方经济发展，提高人民的生活水平。

学生是国家的未来和希望，也是强军建设的重要力量。我们应该加强对学生的国防教育和爱国主义教育，培养他们的国防意识和责任意识。同时，学生也应该自觉学习军事知识，关注国家安全形势，为实现强军目标贡献自己的力量。

总之，"强国必须强军"是我们必须深刻理解和贯彻的重要思想。我们应该从多个方面全面认识强军建设的意义和价值，为实现中华民族的伟大复兴贡献智慧和力量。

（三）板书设计

第十二讲　强国必须强军

一、和平需要保卫

二、建设世界一流军队

三、发扬拥军爱民的光荣传统

（四）作业设计

1.收集关于军队建设或军人的感人故事，并在班上进行分享。

2.以"强军"为主题，创作一幅绘画作品，展现对强军理念的理解和想象。

3.设计一份强军理念的宣传海报或宣传册。内容要简洁明了，能够吸引人们的注意力，有效传播强军理念。

（五）参考资料

[1]《习近平新时代中国特色社会主义思想学生读本（小学高年级）》，人民出版社、人民教育出版社，2021年。

[2]《2015也门撤侨：各方混战的也门烂摊子，中国人从害怕到自豪落泪》，https://m.163.com/v/video/VWGKTHFJF.html.

八、教学总结与反思

总结：强国必须强军，军强才能国安。国家的安全是最为重要的，没有安全，我们的一切努力都会变得微不足道。对于国家而言，一旦出现危机，就必须迅速地采取应对措施，而这时候，军队的主要任务就是守卫国家，保卫人民。每个有良知和爱国情感的中国人都深深地明白这一点，我们的军人是我们的守护神，在他们的保护下，我们的家园才能稳定、富强、和谐。因此，我们应该积极地投入到军队建设中去，热爱我们的国家，拥护我们的领袖，坚决支持我们的军队，为我们的未来而努力奋斗！

反思：教学环节环环相扣，连贯性较好。由于教材内容小学高年级学生并不能完全了解，所以只能运用大量的视频、影像资料，让学生通过视听去理解，明白强军的重要性、发扬拥军爱民的必要性。教学中教师以问题为导向引导学生思考理解并得出结论，以小组合作的形式增加学生的表达机会，提高教学的效率。但在学生回答问题之后教师给予的评价相对单一，需要教师在这方面加强训练。

国家安全重如山

锦州市第十三中学　罗　燕

一、课程基本信息

主讲课程：道德与法治

使用教材版本：人民教育出版社（2017版）

教材章节出处：《道德与法治》八年级上册第四单元《维护国家利益》第九课第一节《认识总体国家安全观》

二、教学设计概述

本节课以议题式教学将国家安全的历史经纬、内涵外延、价值意义、方案举措等有机整合，以"国家安全重如山"为总议题，围绕主议题分别开展了"忆往昔：感受国家安全的意义""观今朝：构筑坚固的安全屏障""立当下：践行总体国家安全观"三个子议题的教学，三个子议题在逻辑上是对主议题的有效阐述。子议题之间层层递进，螺旋上升，从而实现"议"的目的，让课堂教学更有效用。

第一个子议题从"一条微信"谈国家安全，让学生充分感受到国家安全与我们每个人的生活息息相关；播放《百年征程》视频，让学生通过回顾历史，对比百年前国家落后挨打、人民流离失所和今天祖国国强民富的景象，鲜明对比能够让学生强烈地感受国家安全对于国家生存发展和人民幸福安康的重要意义，从而达到增强学生关心国家安全意识的目的。

第二个子议题通过"放眼国际，探寻国家安全""聚焦国内，探寻国家安全"，从我们国家安全的现状引发对国家安全内涵与外延的思考，从现象

53

到本质，从感性到理性，让思维在"议"的过程中得以进阶；播放《解读总体国家安全观》视频，让学生基于对总体国家安全观的初步认识，通过合作探究，以自身感受来谈当前我国面临的安全形势、总体国家安全观的含义。可谓有理、有据、有情、有感，让情感在"议"的过程中得以升华。

第三个子议题通过播放《大安全时代的"总体国家安全观"》视频，总结概括出"如何积极面对国家安全形势的新变化""我们需要构建一个怎样的国家安全体系"，并通过情景剧的表演，让学生进一步对国家安全价值与意义进行深度思考，其视野在"议"的过程中也更加广阔。

三、学情分析

国家安全与每个人都息息相关，国家安全得不到维护，人民的幸福就无从谈起，社会不会进步发展，民族复兴也无法保障。青少年是国家的希望、民族的未来。在青少年中开展国家安全教育，使其系统地了解各领域的国家安全形式，提高他们的国家安全意识，引导其从小树立"国家安全、荣誉、利益高于一切"的安全观十分必要。

八年级学生爱国情怀热烈，国家认同感强，具备一定的政治素养，有一定的自学能力和分析、概括的能力。他们有很强的求知欲和表现欲，善于思考，乐于发言，不怕错误，有问题意识，但他们对时政关注较少，且长期生活在和平与安定的环境中，对于国内外安全领域面临的复杂形势缺乏切实的感受和必要的了解，很难充分意识到国家安全面临的复杂形势，缺少忧患意识。

四、教学目标

（一）政治认同

通过分析内忧外患的国际国内安全形势，初步建立总体国家安全观，学会从全局出发全面发展地看待国家安全的内涵与外延，深化对国家安全的认识，提高对国家安全的站位，认同国家安全观的提出。

（二）道德修养

通过观看视频《百年征程》，从百年前战争年代到今天的幸福生活对比，明确国家安全的重要性，培养维护国家安全意识、树立家国情怀素养。

（三）法治观念

通过《总体国家安全观》视频的观看，认识总体国家安全观，了解相关法律法规，自觉履行维护国家安全的义务。

（四）责任意识

通过辨别国家安全不同领域的小组活动，学会在现实生活中具备辨识损害国家安全行为的能力，培养树立大局意识、集体观念，以及国家利益、集体利益至上的责任意识。

（五）科学精神

通过了解国家安全体系的内容及涉及的领域，能够分析国家面临的复杂的国内国际环境，全面理解和认识国家安全，能够理解构建总体国家安全观的重要意义。

（六）健全人格及公共参与

通过出国旅游的选择，知道国家安全与我们息息相关，是国家生存发展和人民幸福安康的保障。积极树立总体国家安全观和国防意识，增强忧患意识，自觉承担维护国家安全的责任。

五、教学重点难点

（一）教学重点：国家安全与我们息息相关

让学生认识到只有国家安定，我们才能拥有良好的学习环境和生产、生活环境，生命安全、财产安全才能得到保障，才能获得安全感，进而创造更加美好的生活和未来；国家安全有保障，经济社会才能不断发展，祖国才能更加繁荣富强。

（二）教学难点：坚持总体国家安全观

总体国家安全观的内涵：必须坚持总体国家安全观，以人民安全为宗旨，以政治安全为根本，以经济安全为基础，以军事、文化、社会安全为保障，以促进国际安全为依托，走出一条中国特色国家安全道路。总体国家安全观的内涵比较抽象，初中生对于这一内涵的理解有一定的难度。

六、教学设计总体思路

本节课以议题式教学将国家安全的历史经纬、内涵外延、价值意义、方案举措等有机整合，以"国家安全重如山"为总议题，重构认识国家安全的学习脉络。基于真实学情，围绕"国家安全"开展"忆往昔：感受国家安全的意义""观今朝：构筑坚固的安全屏障""立当下：践行总体国家安全观"三个子议题深度探究。借助视频、图片的展示，让学生通过自主阅读、情景驱动、问题引导、小组讨论，在合作、探究、质疑、思辨中参与学习全过程，调动一切知识与经验着力问题的解决，实现深度思考与学习，从而明确基本的道理，感受国家安全与我们息息相关，理解总体国家安全观和国家安全体系，进而树立总体国家安全观和国防意识，增强忧患意识，自觉承担维护国家安全的责任。

七、教学过程

（一）教学流程设计

环节一：问题导入，激发兴趣

教师活动：

1.你知道国家安全日是几月几号吗？

2.你知道国家安全机关举报受理电话是多少吗？

学生活动：学生认真思考回答问题。

设计意图：以"国家安全知多少"的形式激发学生学习兴趣，引导学生初步感知国家安全，引出本节课的课题，顺利开启议题内容，为新课做好铺垫。

环节二：总议题——国家安全重如山，子议题一——忆往昔：感悟国家安全重要性

教师活动：

1.使用多媒体展示材料："一条微信"谈国家安全。

现在在微信朋友圈掀起了一股"晒步"热潮，"微信运动"引发了无数的手机用户参与其中。不过在我国某警备区官兵收到了上级发的一条微信：

"即日起，请停止晒步。"

2.你知道为什么这样规定吗？这说明了什么道理？

提示：该警备区司令员解释说，参与微信运动时，手机大都开启了GPS定位功能，软件可在后台运行，而在军事行动中忘记关闭，部队的具体位置、行军路线、反应速度等都暴露无遗。

3.什么是国家安全？

4.国家安全与我们息息相关。展示国家安全定义。

学生活动：学生以小组为单位合作探究，共同完成议学任务。

教师活动：

1.播放《百年征程》视频。

2.说说百年前的战争和新中国成立分别给中国带来了什么，给中国人民带来了什么。

3.从百年前战争年代到今天的幸福生活，谈谈国家安全有什么重要意义。

4.国家安全是国家生存与发展的重要保障。国家安全是人民幸福安康的前提。

学生活动：观看视频，结合议学情境，联系教材中相关知识，以小组为单位进行探究，共同完成议学任务。

设计意图：

1.旨在引导学生感受国家安全与我们每个人的生活息息相关。

2.通过回顾历史，对比百年前国家落后挨打、人民流离失所和今天祖国国强民富的景象，鲜明对比，让学生强烈地感受到国家安全对于国家生存发展和人民幸福安康的重要意义，从而增强学生关心国家安全的意识。国家安全才有人民的安全感，国家稳定才是百姓最"稳"的幸福。

环节三：总议题——国家安全重如山，子议题二——看今朝：构筑坚固的安全屏障

教师活动：

1.你还能找到哪些威胁国家安全的实例？

提示：网络攻击、环境污染、水资源短缺等。

2.你如何看待当前我国面临的安全形势？

学生活动：结合议学情境，以小组为单位进行探究，共同完成议学任务。

教师活动：

1.播放《解读总体国家安全观》视频。视频中提出的"总体国家安全观"的内涵是什么？

2.政策解读：

（1）以人民安全为宗旨就是坚持以民为本，以人民为中心，坚持国家安全一切为了人民，一切依靠人民，真正夯实国家安全的群众基础。

（2）以政治安全为根本就是坚持党的领导和中国特色社会主义制度不动摇。

（3）以经济安全为基础就是确保国家经济发展不受侵害，促进经济持续健康发展增强国家经济实力，为国家安全提供坚实物质基础。

（4）以军事、文化、社会安全为保障就是完善强基固本、化险为夷的各项对策措施，为维护国家安全提供硬实力和软实力的保障。

（5）以国际安全为依托就是始终不渝走和平发展道路，在注重维护本土国家安全利益的同时，注重维护共同安全。

学生活动：

1.结合议学情境，总结归纳"总体国家安全观"的含义。

2.阅读"政策解读"。

设计意图：

1.通过组织学生观看图片、列举所知国内外所面临的复杂的安全形势，引导学生理解坚持总体国家安全观的原因，由现象到本质，符合学生认知规律。

2.借助视频，简洁明了展示知识点，引导学生结合教材归纳知识点；通过"国家安全政策解读"，引导学生深入细致地理解总体国家安全观的内涵，进一步加深对落实总体国家安全观的了解，增强对国家安全的认同与自信。

环节四：总议题——国家安全重如山，子议题三：立当下：践行总体国家安全观

教师活动：

1.播放《大安全时代的"总体国家安全观"》视频。

2.如何积极面对国家安全形势的新变化？

3.我们需要构建一个怎样的国家安全体系？

学生活动：观看视频，结合议学情境，以小组为单位进行探究、练习，共同完成议学任务。

教师活动：

1.如果你出国旅游，你的好朋友让你帮他（她）带一件当地的动植物做纪念品，你会怎么做？

2.如果你留学海外，有人向你打听我国国家机密，你会怎么做？

3.发挥你的想象，以小组为单位，呈现出一幕情景剧。

学生活动：学生结合议学情境，以小组为单位共同完成议学任务。

设计意图：

1.一方面，巩固国家安全领域；另一方面，使学生理解坚持总体国家安全观的做法及体系内容。

2.旨在引导学生把所学知识应用到分析问题和解决问题之中。

（二）课堂小结

通过本节课的学习，我们明白了国家安全与我们每个公民息息相关，没有国家的稳定、安全，就没有我们的幸福生活。当前，我国的安全形势比历史上任何时候都复杂，我们必须坚持总体国家安全观，走出一条中国特色社会主义的国家安全道路。所以，我们青少年必须维护党的路线、方针、政策，维护我国安定团结的政治局面。无论何时何地，我们都应该努力提升自身素质，增强履行责任的能力，勇于承担责任，在激扬青春、开拓人生、奉献社会的进程中书写无愧于时代的壮丽篇章。

（三）板书设计

9.1　认识总体国家安全观

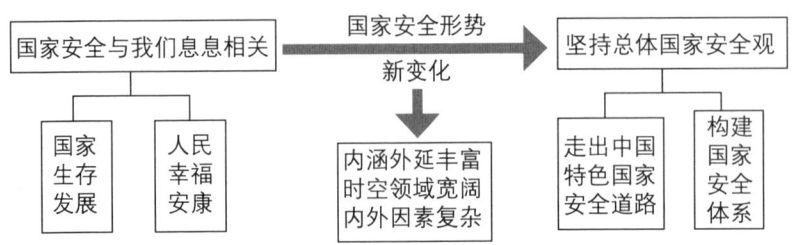

（四）作业设计

为自己的祖国写一句话，表达对祖国的热爱之情。

（五）参考资料

人民教育出版社课程教材研究所中学德育课程教材研究开发中心：《义务教育教科书教师教学用书.道德与法治八年级.上册》，人民教育出版社，2018年。

八、教学总结与反思

（一）经验与总结

本节内容大多理论性较强，学生在理解上有一定的困难，并且不易记忆。为了让学生能够对树立总体国家安全观有一个清楚的概念，我设置了多个教学活动，充分发挥学生的主体性；同时充分利用多媒体教学，激发学生的学习愿望，引导学生做到知行统一。

在教学中，需要充分发挥列举材料、视频、案例分析等形式特点，用多种形式的设计创设教学情境，帮助学生认识和理解；同时留给学生足够的时间进行思考和讨论、交流。

（二）反思与改进

在今后的课堂教学中，要真正把话语权交给学生，要尊重学生，鼓励学生张扬个性，鼓励他们说出内心的想法和困惑，教师适时点拨和引导，一起帮助他们面对和解决成长中的问题，这样做才会真正发挥道德与法治课的德育功能，提高道德与法治课的实效性。

携手共筑和谐明天

大连市育文中学　秦　莹

一、课程基本信息

主讲课程：道德与法治

使用教材版本：人民教育出版社（2017版）

教材章节出处：《道德与法治》八年级上册第四单元《维护国家利益》第九课《树立总体国家安全观》

二、教学设计概述

新课标对第四学段的课程内容有如下内容要求：认识国家主权的内涵，梳理国家利益至上的观念，理解总体国家安全观，知道维护国家安全是每个公民的义务，自觉维护国家安全。

《道德与法治》八年级上册第四单元《维护国家利益》第九课《树立总体国家安全观》与新课标要求基本符合。做出教学设计如下：

（一）教材内容把握

在思政课教学中，关于总体国家安全观的内容应紧密结合国家教育部门颁布的最新课程标准和教学大纲。教学内容需涵盖以下几个方面：

1.总体国家安全观的历史演变与时代背景。

2.总体国家安全观的核心要义与基本内容。

3.总体国家安全观的重点领域与实施策略。

4.当代中国面临的安全挑战与应对措施。

5.国际视角下的安全合作与共建共享理念。

（二）设计思路

1.导入新课：通过时事热点或历史案例引发学生对国家安全问题的关注。

2.知识讲授：系统阐述总体国家安全观的理论依据及其在新时代的发展。

3.案例分析：选取具体案例，让学生分析讨论，加深对总体国家安全观的理解。

4.实践探索：组织模拟联合国会议等活动，提升学生的实际操作能力。

5.总结反思：引导学生总结学习成果，形成对总体国家安全观的个人见解。

（三）理论依据

本课程设计以习近平新时代中国特色社会主义思想为指导，遵循思政课的教学原则和目标要求。同时，结合教育学、心理学等相关理论，采用情景教学、合作学习等现代教学方法，以提高教学效果。

（四）设计特色

1.互动性：通过小组讨论、角色扮演等形式，提高课堂互动性，激发学生的学习兴趣。

2.时效性：紧跟时代发展步伐，及时更新教学内容，确保信息的前沿性和相关性。

3.实践性：强调学以致用，鼓励学生将理论知识应用于解决实际问题中。

4.思辨性：培养学生的批判性思维能力，引导他们从多角度、多层次分析国家安全问题。

5.国际视野：引入国际案例和比较视角，培养学生的国际意识和全球视野。

综上所述，本教学设计旨在通过多元化的教学手段和丰富的教学内容，使学生全面、深入地理解总体国家安全观，培养其国家安全意识，增强责任感和使命感，为成为合格的社会主义建设者和接班人打下坚实的基础。

三、学情分析

在面向学生讲授总体国家安全观这一主题时，需要全面分析学生的思想特点、知识储备以及能力水平。当前的学生群体生活在和平而稳定的环境中，他们可能对国家安全的概念缺乏直观的认识和深刻的理解。因此，教学中需要引导学生将抽象的国家安全概念与具体的国际国内现实问题相联系，增强他们的安全意识。

在知识储备方面，学生们对历史、地理、政治等学科的了解程度不同，特别是对国家安全涉及的政治安全、经济安全、文化安全等领域的知识掌握参差不齐。教学设计时应考虑到这些差异，合理构建课程内容，使学生能够在已有知识基础上有效接受新知识。

此外，学生的能力水平也是教学设计的重要考量因素。学生的分析理解能力、批判性思维以及解决实际问题的能力存在个体差异。因此，在教学过程中，应通过案例分析、小组讨论等活动，鼓励学生积极参与，锻炼并提升他们的综合能力。

综上所述，教师在进行总体国家安全观的教学设计时，应充分考虑到学生的思想特点、知识储备和能力水平，采用适宜的教学方法和策略，以促进学生对总体国家安全观的深入理解和实践应用。

四、教学目标

（一）政治认同

培养对国家的政治体制和治理理念清晰的认识和深刻的理解，能够自觉地维护国家利益和政治稳定。学会识别各种政治风险，增强防范和抵御外部干涉的能力，坚定政治立场，积极参与国家的政治生活，形成正面积极的政治态度。

（二）道德修养

树立正确的价值观和道德观，成为具有高尚道德品质的公民。强调诚信、公正、尊重等基本道德准则，意识到个人行为与国家安全间的联系，激

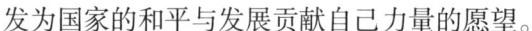

发为国家的和平与发展贡献自己力量的愿望。

（三）法治观念

充分认识到法治对于国家安全的重要性。学会在日常生活中遵守法律，理解和支持国家的立法和执法活动，提高运用法律维护国家安全和个人权益的能力。

（四）健全人格

建立健康的心理状态和坚韧的意志品质，在面对国家安全挑战时能保持理性和冷静。提升应对压力、解决冲突的能力，全面发展。

（五）责任意识

培养主动承担社会责任和维护国家安全的意识。参与社会服务和志愿活动，以实际行动支持国家安全相关的工作。认识到作为公民个体在维护国家安全中的作用和重要性。

综上所述，围绕"认识总体国家安全观"一课的教学目标是全方位、多层次的，旨在培育出具备强烈国家安全意识、坚定政治立场、良好道德品质、牢固法治观念和健全人格特质的现代公民，为维护国家安全作出积极贡献。

五、教学重点难点

（一）教学重点

帮助学生理解国家安全的全面性、深入性与复杂性。首先，教师需要引导学生了解总体国家安全观的基本内涵，即国家安全不仅仅是军事安全，还包括政治、土地、经济、文化、社会、科技和网络等多个领域的安全。其次，教学中需强调国内外安全环境的紧密联系，以及国家安全与每个人生活的息息相关性。培养学生从全球视角认识国家安全，认识到国际局势变化对国家安全的影响。

（二）教学难点

如何使学生切实感受到国家安全的重要性，将抽象的安全概念具体化，增强学生的国家安全意识。此外，还需要通过实例分析，提高学生识别和防范各类安全风险的能力。同时，教师应鼓励学生批判性思考，理解国家安全与个人权利之间的平衡，以及在维护国家安全的同时如何保障个人自由和隐私权。

综上，本课的教学不仅要传授知识，还要提升学生的分析能力、判断力和责任感，使他们成为具有全球视野和国际竞争力的现代公民。

六、教学设计总体思路

总体国家安全观内容宏阔，需要我们从国家治理的生动实践中，去提炼国家安全教育的时代性内容，以国家安全的大观念立意教育价值，进而去体悟总体国家安全观。本课通过创设大情境促进学生思考大问题、提出大任务，驱动学生自主学习，让学生在社会热点和焦点中去思考。

探究思想政治问题，从时政感受与认知体验中流淌出的是思想味、政治味和教育味。学生在认知基础上生长出来的是眼界、思想和智慧。

本课也有一些需要不断完善的地方。一是将教学内容在国家治理的理论与实践中找到最佳结合点，需要我们既要对教学内容的知识与育人思想达到由熟练到通透的理解，还需要我们对国家治理的大政方针和法律法规有切实的理解。除了精深研读课标教材外，还需大量阅读时政新闻、汲取深厚的中国传统文化。二是将本课的一体化设计思路置于整个单元的教学设计，让整个单元的教学内容和育人思想一脉相承而又不断扩展深化，形成一个知识与思想的逻辑体系。三是在探究活动中，需要处理好大问题和大任务与小知识和小环节的关系，让学生的学习活动有实实在在的落脚点和停靠点。

七、教学过程

（一）教学流程设计

环节一：勿忘国耻　以史为鉴

教师活动：

1.自1840年鸦片战争到1949年新中国成立的一百多年间，中国长期遭受西方列强的野蛮侵略，国家主权和领土完整遭到严重破坏，中国人民经历了不堪回首的苦难。

2.展示相关材料。回顾历史、结合材料，你有怎样的启示和感受？

3.国家安全是国家生存与发展的重要保障。国家安全有保障，经济社会才能不断发展，祖国才能更加繁荣富强。

学生活动：通过分析材料理解国家安全的重要性。

环节二：预防为主　安全先行

教师活动：

1.播放2023年央视总体国家安全观专题宣传片《星辰》。

2.国家安全是实现国家利益最根本的保障，关系人民幸福、社会发展进步和中华民族伟大复兴。国泰民安是全体人民的共同愿望，国家安全与每个人息息相关。我们要树立总体国家安全观，切实增强国家安全意识，以实际行动维护国家安全。

学生活动：观看视频中展示的各行各业为维护国家安全而贡献自己的力量，谈谈自己的感受。

设计意图：播放相关视频，引起学生兴趣，启发其进行深入思考。

教师活动：

1.播放视频《护航之道——总体国家安全观纵横》"经济安全——芯片与信息技术"部分。边看边思考，一枚小小芯片关联着哪些产业或行业？

2.如果说石油是现代工业的血液，那么，芯片就是现代产业的心脏和大脑。我国目前所消费的芯片，占了全球的三分之二，而国内芯片用量的三分之二以上都依靠进口。在中国外汇支出中，芯片多年来一直高居榜首。近年来美国"卡脖子"，中国出现了严重的芯片短缺，经济发展受到严重制约。以高性能芯片制造为核心的科技安全，直接影响着经济安全、军事安全、网络安全、社会安全、太空安全等。一个国家的科技实力和水平，是由经济实力和水平决定的。因此，经济安全在国家安全体系中具有基础性地位。

中国作为一个人口大国，且还是一个发展中国家，让我们的安全感比肩瑞士、芬兰、挪威、新加坡等小国富国，全球独一无二。是祖国的发展和崛起铸就的安全盾牌，力拒内忧外患，让人民获得了足够的幸福感和安全感。

3.代表着当代最精密尖端技术的芯片，关联着哪些产业或行业？你从中能列举出我国国家安全有哪些主要领域？在我国国家安全体系中，哪一安全处于基础地位？

4.猜一猜，2023年全球最安全国家排行榜中，中国排行是多少位？中国与其他排名靠前的富国小国比较，你认为我们的安全感从何而来？

学生活动：

1.回答问题。

2.分小组展示提前完成的家庭作业：在互联网上收集，近五年我国每年进口芯片花费的外汇各是多少？华为手机在世界手机市场的份额，2018年与2023年各是多少？发生这种变化的原因有哪些？

设计意图：树立总体国家安全观，知道总体国家安全观的内容是本堂课的重难点。为了分散难点、突出重点，设计带有准备性和过渡性的本环节教学活动。让学生通过视频，从芯片与其他产业之间的密切关系中，体会到我国国家安全的主要领域。同时，让学生在网络上收集资料，不但培养了他们的实践能力，还让他们在数据比较中看到我国科技与经济发展中面临的巨大风险和挑战。在聚焦我国发展的同时，催生学生对国家安全的忧患意识。通过14亿之众的大国安全得到世界认可，让学生体会到国家的强盛。

环节三：同心共筑　和谐明天

教师活动：

1.当前，世界正处百年变局，俄乌战火溢出世界危局，各种安全挑战层出不穷。同时，美国主导的印太战略，在台海地区频频挑事，这不但阻挠了祖国统一大业的完成，还威胁着我国的政治、国土和军事安全。在这一背景下，解决台湾问题的国内声浪走高。根据本课的学习体会，我们现在开展一个辩论活动。

2.台湾问题是经过甲午中日战争、二战背景和两极冷战的历史问题，具有复杂的历史因素，更有深刻的地缘政治关系，解决台湾问题有着复杂的政治、军事、经济和社会的全面考量。在极其复杂的国际环境下，究竟采取什么方式解决台湾问题，考验着中国共产党和中国政府的政治勇气和智慧。祖国必须统一，也必然统一，因为维护主权独立和领土完整是正义的。究竟采取哪种方式，我们得审时度势，善抓时机，坚守底线，力图发展。不能片面地强调和平统一或武力统一，不能轻言急统还是缓统。不管哪种方式，都必须以国家的充分发展和强大实力为后盾。

学生活动：进行以"祖国统一的终极选择"为题的辩论赛。

设计意图："既重视发展问题，又重视安全问题""以经济安全为基础"是本课的教学内容，也是统筹安全与发展的治国理政原则。要将这些比较宏大而抽象的道理教给学生，应当把总体国家安全观与社会生活相结合，在真实情境中提出真问题。以学生关注并富有挑战性的热点问题，引导和帮助学生对社会现象进行判断、比较、辨识、探究、建构、反思、评价、迁移、应用，加深其对安全与发展关系的理解，培养辩证思维和分析解决实际问题的学科素养。

（二）课堂小结

通过本节课的学习，我们知道国家安全是实现国家利益最根本的保障，关系人民幸福、社会发展进步和中华民族伟大复兴。国泰民安是全体人民的共同愿望，国家安全与每个人息息相关。我们要树立总体国家安全观。

（三）作业设计

设计一份维护国家安全的宣传海报。

八、教学总结与反思

由于本堂课立足于治国理政的大观念、大问题，虽然提升了立意的高度、增强了问题的真实性，但客观上增加了学习探究的难度。即便是服从于真实问题思考与解决的素养导向，也需要将观念、情境和问题建构在教学核心概念或重点知识上去，以此引领和促进学习的可及性与可持续性。探究问题既要立得起，又要落得实，还要黏得住，这是我们今后开展议题式教学设计需要不断探索和追求的目标。

同心共筑国家安全的钢铁长城

沈阳市虹桥初级中学　马玉卓

一、课程基本信息

　　主讲课程：道德与法治

　　使用教材版本：人民教育出版社（2017版）

　　教材章节出处：《道德与法治》八年级上册第四单元《维护国家利益》第九课第二节《维护国家安全》

二、教学设计概述

　　《新课标》在7—9年级学业质量部分，从政治认同、法治观念、责任意识三个核心素养方面，要求学生能够结合实例理解维护国家安全的重要性，阐明如何自觉维护国家安全。本节课便以"维护国家安全——同心共筑国家安全的钢铁长城"为总议题，践行大中小学思政一体化教学理念，在小学阶段的"每个人都有维护国家利益和安全的责任"基础上，进行进一步教学设计。

　　我国面临的生存安全问题和发展安全问题、传统安全威胁和非传统安全威胁相互交织，要求国防和军队现代化建设有大的发展。建设与我国国际地位相称、与国家安全和发展利益相适应的巩固的国防和强大的军队，是我国现代化建设的战略任务。本课结合《党的二十大报告》和"习语进课堂"等，以军强国安为子议题，带领学生了解我国武装力量的性质和任务，掌握如何全面推进国防和军队现代化。

　　"国家安全，人人有责""维护国家安全，我们个人能做什么？"要大力加强国家安全宣传教育，不断涵养全民国家安全意识，切实筑牢国家安全的群众基础；需要人人绷紧国家安全这根弦，拧紧头脑中的"安全阀"，促进全社会同心共筑国家安全的命运共同体。我们必须认清国家安全形势，增强国家安全意识，履行国家安全使命，让国家安全这个抽象概念入脑入心。因此，从小对学生进行国家安全教育，对提高学生维护国家安全的意识和能力具有重要的意义。于是本节课第二部分就是在学生小学道德与法治学过"每个人都有维护国家利益和安全的责任"的基础上，让学生了解法律对国家安全的保障作用，自觉履行维护国家安全的义务。所以本节课设计第二个子议题"人人共担"，通过寓教于乐和小组讨论等方式，让学生掌握如何维护国家安全，也让学生知道我们人人都是维护国家安全的主角，国家安全需要我们每个人作出贡献。

三、学情分析

长期生活在和平与安定环境中的我国初中学生对于国内外安全领域面临的复杂形势缺乏切实的感受和必要的了解，很难充分意识到国家安全面临的严峻形势，缺少忧患意识，他们往往认为维护国家安全只是安全部门的事情，与自己没有太多关系。为此，有必要引导学生了解我国面临的复杂安全形势，树立总体国家安全观。

对于八年级的学生来说，本课内容从理解上来看比较容易，学习的难度不大。但是，学生以已有的知识与经验，对怎样维护国家安全认识偏感性。在教学中教师应善于运用生活中的具体真实的案例，设计不同层次的活动，引导学生在完成任务的过程中深入思考，将对维护国家安全的感性体验上升为对维护国家安全的理性认识。

四、教学目标

（一）政治认同

通过观看视频、习语进课堂等方式，知道我国全面推进国防和军队现代化的要求，坚持党对人民军队的绝对领导，达到增强自豪感和爱国情感的效果。

（二）法治观念

通过展示国家安全法等相关法律规定，明确公民和组织应当履行维护国家安全的义务，增强维护国家安全的法治意识。

（三）责任意识

通过危害国家安全的新闻情境展示和测试等方式，明确维护国家安全，人人可为，做到能够在日常生活中自觉承担维护国家安全的责任，履行维护国家安全的义务。

五、教学重点难点

（一）教学重点：维护国家安全的做法

突破方式：采用寓教于乐的教学方式和小组学习法，通过国家安全部公众号安全小游戏，带领学生探索实际生活中常见的危害国家安全的行为以及面对这些行为应该如何做。让学生小组讨论"维护国家安全的具体做法"，写在便签上，并贴在黑板上，从而掌握维护国家安全的做法，突破教学重点。

（二）教学难点：全面推进国防和军队现代化

突破方式：采用时政新闻、"习语进课堂"以及《党的二十大报告》等丰富的教学内容，让学生体会"全面推进国防和军队现代化"的重要性，加深学生印象，从而突破教学难点。

六、教学设计总体思路

本节课以《新课标》要求"学生能够结合实例理解维护国家安全的重要性，阐明如何自觉维护国家安全"为出发点，以达成政治认同、法治观念、责任意识等核心素养为设计核心，设计总议题"维护国家安全——同心共筑国家安全的钢铁长城"和分议题，并应用多种教学方式，达成本节课教学目标。

七、教学过程

（一）教学流程设计

课前发放导学案让学生提前进行预习。

环节一：新闻播报

教师活动：组织学生完成新闻播报。

学生活动：两名学生完成新闻播报环节。

设计意图：让学生关心国家大事、国际大事，了解我国发展现状，以及国际形势的危机程度，增加学生的忧患意识。

环节二：新课导入

教师活动：缅北局势不断升温。面对诸多的安全问题，我们该如何维护国家安全呢？

学生活动：了解缅北局势，启发思考，并带着问题进入课程学习。

设计意图：学生了解时政新闻并启发学生思考，使学生带着问题进入本节课学习。

环节三：总议题——同心共筑国家安全的钢铁长城，子议题——军强国安——全面推进国防和军队现代化

教师活动：

1.缅北战火逐步向中国转移，我国随之进行军事演习。除了军演外，你还在哪些场景中会见到中国人民解放军的身影？

2.总结我国武装力量的性质和任务。

3.通过"中国人民解放军知识竞猜"活动以及视频，让学生了解中国人民解放军，也认识到是党领导人民军队。让学生结合历史知识思考，为什么要坚持党对人民军队的绝对领导。

4.让学生研读《党的二十大报告》，并结合教材，分析如何全面推进国防和军队现代化。

学生活动：

1.思考并小组讨论，说出可以见到中国人民解放军的身影的诸多场景。

2.结合历史知识，掌握坚持党对人民军队的绝对领导的原因。

3.通过研读《党的二十大报告》，知道全面推进国防和军队现代化的具体做法。

环节三：总议题——同心共筑国家安全的钢铁长城，子议题二——全民共担——筑牢维护国家安全人民防线

教师活动：

1.展示云南省人民政府发布的演习公告内容：演习期间严禁无关人员擅自进入演习区域警戒区，严禁各类飞行器进入演习空域，严禁私自拍摄军队行动情况，严禁私自通过各类媒体平台传播任何演习有关信息。

如果发现有人用专业设备偷拍军事基地，你要怎么做？

2.通过国家安全部公众号安全小游戏，带领学生探索实际生活中常见的危害国家安全的行为，分析面对此类行为应该如何做。

3.让学生结合预习知识，小组讨论维护国家安全的具体做法。

学生活动：

1.根据经验回答问题。

2.通过游戏，掌握维护国家安全的做法。

3.讨论维护国家安全的具体做法，写在便签上，并贴在黑板上。

设计意图：通过议题式教学法、小组活动教学法等多种多样的教学方法，知识竞猜、国家安全部公众号安全小游戏等寓教于乐的教学活动，研读《党的二十大报告》，让学生能够从行动上自觉维护国家安全。

环节四：拓展延伸

教师活动：

1.科普有关国家安全的法律知识，培养学生法治意识。

2.向学生宣传《党的二十大报告》中习近平总书记话语，培养学生的政治认同。

3.带领学生进行保护国家安全的志愿宣誓。

学生活动：

1.了解有关国家安全的法律知识，增强法治意识。

2.通过习近平总书记的话语，更加了解国家安全对于生活的重要意义，增加政治认同感。

3.通过安全宣誓，实现情感上的升华，培养责任意识。

设计意图：通过多种多样的教学方式，突破教学重难点，达成对学生法治意识、政治认同、责任意识的培养，做到落实新课标要求，培养学生核心素养的目的，完成本节课教学目标。

（二）课堂小结

学生完成思维导图，总结本节课所学知识内容。

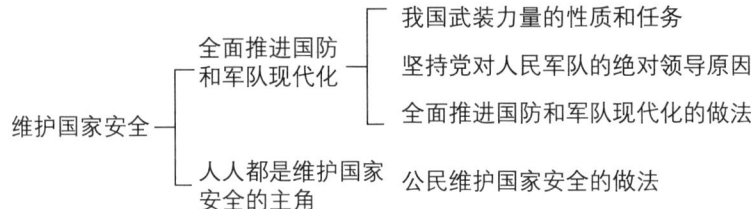

（三）板书设计

9.2　维护国家安全同心共筑国家安全的钢铁长城

（四）作业设计

根据个人实际情况，以下任务任选其一：

1.在国家安全部公众号链接中，和父母一起完成"国家安全之'边缘'选择"小测验。

2.查找有关危害国家安全的事例，与小组同学一起分享。（可以在国家安全部公众号中查找）

（五）参考资料

国家安全部公众号

八、教学总结与反思

（一）教学总结

本节课通过精细的教学设计，集合大中小学思政课一体化精神，将内容串联完整，并根据新课标要求帮助学生达成了核心素养的提升，多种多样的教学方式体现了以学生为主体的教学理念，学生参与度高，既突破了教学重难点，又达成了本节课设计的教学目标。

（二）教学反思

需要合理把握每个环节教学时间，游戏环节学生参与度可能过高，乐于参与进课堂当中，容易导致无法在单位教学时间内完成教学任务。应当合理利用教学机制，把握教学时长，完成教学任务。

感知总体国家安全观

朝阳市建平县第一中学　宫春艳

一、课程基本信息

主讲课程：道德与法治

使用教材版本：人民教育出版社（2017版）

教材章节出处：《道德与法治》八年级上册第四单元《维护国家利益》第九课第一节《认识总体国家安全观》

二、教学设计概述

本课依据的课程标准的相应部分是"我与国家和社会"中的"积极适应社会的发展"，具体对应的内容标准是"感受个人成长与民族文化和国家命运之间的联系"。同时，总体国家安全观要求构建政治安全、国土安全、资源安全、核安全为一体的国家安全体系。对于长期生活在和平与安定环境的中学生来说，他们对于国内外安全领域面临的复杂形式缺乏切实的感受和必要的了解，很难充分意识到国家安全面临的复杂形式，缺少忧患意识，因此在充分把握好教材的探究与分享、阅读感悟、运用经验及相关链接的前提下，结合当前国外如俄乌冲突、巴以战争等国际热点问题，让学生感受到国家的安全与我们息息相关。

三、学情分析

国家安全与每个人息息相关，国家安全是实现国家利益最根本的保障，关系人民幸福、社会发展进步和中华民族伟大复兴。在青少年中开展安全教育，使其系统了解各领域的国家安全形势，提高他们的国家安全意识，引导他们从小树立国家安全、荣誉和利益高于一切，维护国家安全人人有责的观念，提高甄别信息的能力十分重要。

长期生活在和平与安定环境中的初中生对于国内外安全领域面临的复杂形势缺乏切实感受和必要了解，很难充分意识到国家安全面临的复杂形势，缺少忧患意识。他们认为国家安全与自己无关，因此学习本课对于初中生来说是十分必要的。

四、教学目标

（一）政治认同

通过分析内忧外患的国际形势，初步建立总体国家安全观，学会从全面发展的角度看待国家安全的内涵与外延，深化对国家安全的认识，提高对国家安全的站位，认同国家安全观的提出。

（二）道德修养

通过分析材料，对比图片，树立正确的国家安全观，增强维护国家安全的责任感和使命感。

（三）法治观念

通过观看国家安全观的视频，认识总体国家安全观，了解相应的法律法规，自觉履行维护国家安全的义务。

（四）健康人格

通过分析教材探究与分享图片，理解个人与国家的关系，自觉维护国家安全。

（五）责任意识

通过有战争冲突的国家与安全的国家对比，了解内忧外患的国际国内安全形势，明确国家安全与每个人息息相关，自觉承担维护国家安全的责任。

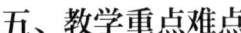

五、教学重点难点

（一）教学重点

安全是国家命脉，关乎国运兴衰。总体国家安全观，着眼于当代中国安全形势和安全需要，继承发展了我们党的国家安全观，其地位十分重要。因此把"为什么要维护国家安全（维护国家安全的重要性）"列为本课学习的重点。

（二）教学难点

总体国家安全观内涵丰富，立意深远。贯彻落实总体国家安全观，必须统筹外部安全和内部安全，对内求发展、求变革、求稳定，建设平安中国，对外求和平、求合作、求共赢，建设和谐世界，统筹国土安全和国民安全，坚持以民为本、以人为本，真正夯实国家安全的群众基础；统筹传统安全和非传统安全，构建涵盖政治、军事、国土、经济、文化、社会、科技、网络、生态、资源、核、海外利益、太空、深海、极地、生物等诸多领域的国家安全体系。因此，把全面、准确把握总体国家安全观作为本课教学的难点。

六、教学设计总体思路

在讲授"国家安全与我们息息相关"内容时，教师要注重阅读体验、知识拓展、交流分享、归纳总结等环节，通过引导学生查阅资料，拓展学生的成长空间，让学生初步了解总体国家安全观的内涵，进而探讨国家安全与国家生存和发展的重要性、与人民福祉的关系，激发学生热爱党、热爱祖国的情感和自觉维护国家安全的积极性和主动性。

在讲授"坚持总体国家安全观"这一框内容时，教师要多关注知识的拓展，围绕"我们应该构建怎样的国家安全体系"展开教学。教学时给学生播放有关国家安全观的视频，让学生认识总体国家安全观。可适当补充"破坏国家安全的行为"，例如，窃取、泄露国家秘密，叛国、分裂国家、煽动叛乱，境外势力渗透、破坏、颠覆、分裂等活动，污染排放、危害生态环境安全，等等。这样，就拓宽了学生的知识空间，能够促进学生对总体国家安全观的全面理解。选取的材料、视频和设计的问题都符合学生的实际，能够触动学生的心灵，这样能增强教育的效果。

七、教学过程

（一）教学流程设计

环节一：创设情境，导入新课

教师活动：

1.播放《巴以冲突再起，加沙地区变成人间炼狱》视频，出示教材第96页，解读四幅图片。

2.国泰才能民安，维护国家安全的根本目的是实现人民安全，让广大群众安居乐业、幸福生活。

3.出示课题：认识总体国家安全观。

学生活动：观看视频和图片，结合视频和图片，谈谈对人民生活与国家安全关系的认识。

设计意图：通过与国外冲突地区人民生活的对比，让学生初步体会国家安全与人民幸福生活的关系，激发学生热爱祖国的热情。

环节二：探究新知，知识点1：国家安全与我们息息相关

教师活动：

1.出示教材第97页"探究与分享"：自1840年鸦片战争到1949年新中国成立的一百多年间，中国长期遭受西方列强的野蛮侵略，国家主权和领土完整遭到严重破坏，中国人民经历了不堪回首的苦难。

中华人民共和国的成立，使中国人民成为国家、社会和自己命运的主人，实现了中国向人民民主制度的伟大跨越，实现了中国高度统一和各民族空前团结，彻底结束了旧中国半殖民地半封建社会的历史，彻底结束了旧中国一盘散沙的局面，彻底废除了外国列强强加给中国的不平等条约和帝国主义在中国的一切特权。

新中国成立后，我国各族人民在中国共产党的领导下，团结奋斗，顽强

拼搏，我国经济社会发生了翻天覆地的变化，人民生活水平不断提高，综合国力大幅提升。

2.出示材料和图片：中国体育代表团从1952年的40人到2023年的1329人，华春莹对比新中国体育代表团的变化。

2022年10月1日，我们迎来中华人民共和国73周年华诞。值此之际，中国外交部发言人华春莹在推特上连发十二组对比照片，细数中国在政治、经济、外交、军事以及太空探索、脱贫攻坚等多领域取得的举世瞩目的成就。

3.通过出示的材料和教材的"探究与分享"，从中国的发展史的角度谈谈国家安全的重要性。

国家安全是国家生存与发展的重要保障。当国家政权和主权受到威胁，国家的统一和领土完整遭到破坏，国家的生存就会受到挑战。只有国家安全有保障，经济社会才能不断发展，祖国才能更加繁荣富强。

4.材料一：俄乌冲突持续超过两年，俄乌两军伤亡合计近50万人，创下冷战结束以来区域战争最大伤亡。

材料二：截至当地时间2023年11月20日，流离失所者增至170万人，联合国近东巴勒斯坦难民救济和工程处在加沙地带的避难所里收容约90万名流离失所者。截至当地时间2023年11月23日，本轮冲突已导致巴以双方超1.62万人死亡。

5.阅读材料一、材料二，思考国家安全与人民的关系。

国家安全是人民幸福安康的前提。只有国家安定，我们才能拥有良好的学习环境和生产、生活环境，生命安全、财产安全才能得到保障，才能获得安全感，进而创造更加美好的生活和未来。国家安全关系人民幸福、社会发展进步，是实现国家利益最根本的保障，是民族伟大复兴的根基。

6.为什么要维护国家安全？（维护国家安全的重要性）

（1）国家安全是国家生存与发展的重要保障。

（2）国家安全是人民幸福安康的前提。

7.播放《国家安全》视频。结合视频，谈谈什么是国家安全，以及哪些行为危害国家安全。

国家安全是指国家政权、主权、统一和领土完整、人民福祉、经济社会可持续发展和国家其他重大利益相对处于没有危险和不受内外威胁的状态，以及保障可持续安全状态的能力。

学生活动：

1.学生阅读材料，小组合作讨论分析，发表自己的见解，最后师生共同总结归纳。

2.观看图片，感受国家安全对国家生存和发展的影响。

环节三：探究新知，知识点2：坚持总体国家安全观

教师活动：

1.出示材料：腐败多发、恐怖主义（政治安全）；增速换挡、转型升级（经济安全）；雾霾不散、污染问题（生态安全）；地缘纷争、强权政治（国土安全）；国际窃听、网络泄密、网络攻击（网络安全）等。

2.根据上述材料，结合教材第98页四幅图片，分析如何看待当前我国面临的安全形势。

今天，我国国家安全的内涵和外延比历史上任何时候都更丰富，时空领域比历史上任何时候都更宽广，内外因素比历史上任何时候都更复杂，必须坚持总体国家安全观。

学生活动：

1.阅读材料，观看图片，各抒己见，总结归纳。

2.几名同学阅读材料，其他同学认真聆听。

3.分析每一组材料分别侵犯了哪个方面的安全。

教师活动：

1.材料一：根据中方相关机构发布的通报，有外国政府背景的黑客组织对武汉市地震监测中心实施了网络攻击，严重威胁中国国家安全。我们谴责上述不负责任的行为，中方将采取必要措施维护中国的网络安全。

材料二：近日，国家安全机关破获一起美国中央情报局间谍案：犯罪嫌疑人郝某系我某国家部委干部。郝某在日本留学期间，受美国中央情报局人员拉拢，要求其回国后进入我国核心要害单位工作。郝某表示同意，回国后

在境内与情报人员多次秘密接头，提供情报并收取间谍经费。

材料三：近日，济南邮局海关关员在对入境邮件监管过程中，发现一邮件图像异常，经开拆查验，该邮件内为图书，图书内部被掏空，夹藏6包卵粒。经鉴定，查获的卵粒为"异宠"蓝色精灵，属全国首次查获的外来物种。

上述行为分别侵犯了哪个方面的安全？

2.（1）必须坚持总体国家安全观，以人民安全为宗旨，以政治安全为根本，以经济安全为基础，以军事、科技、文化、社会安全为保障，以促进国际安全为依托，走出一条中国特色国家安全道路。

（2）面对国家安全形势的新变化，必须统筹外部安全和内部安全、国土安全和国民安全、传统安全和非传统安全、自身安全和共同安全。

（3）我们要构建涵盖政治、军事、国土、经济、文化、社会、科技、网络、生态、资源、核、海外利益、太空、深海、极地、生物等诸多领域的国家总体安全体系。

学生活动：

1.结合材料大声朗读教材。

2.共同探究教师提出的问题。

3.回答问题，不断补充。

设计意图：通过对比中华人民共和国成立前后国家政权和主权的不同状况以及经济社会两种截然不同的局面，让学生体会国家安全是国家生存与发展的重要保障。观察中国体育代表团参加体育赛事的图片，更能加深学生对国家安全重要性的认识。通过真实的生活经验分享，引导学生体会国家安全的重要性，这样对教材内的图片和材料的解读以及结合课外的资料和图片，既不脱离教材，又不局限材料，拓宽了同学们的知识视野，丰富了学生对当前国内国际形势的了解。课上，学生之间互相交流讨论，增强同学之间互相合作学习的意识。

（二）课堂小结

回顾本节课的内容，先让学生各抒己见谈学习本节课的收获，其他学生给予补充，最后师生共同总结归纳。

通过本节课的学习，我们知道国家安全是实现国家利益最根本的保障，关系人民幸福、社会发展进步和中华民族伟大复兴。国泰民安是全体人民的共同愿望，国家安全与每个人息息相关。我们要树立总体国家安全观，原因是：第一，它是国家生存和发展的重要保障。第二，它是人民幸福安康的前提。总体国家安全观的道路依托和丰富内涵则是本次课学习的重点。

在今后议题式教学的设计中要注意：题有高度、议有效度、学有深度。

（三）板书设计

9.1 认识总体国家安全观

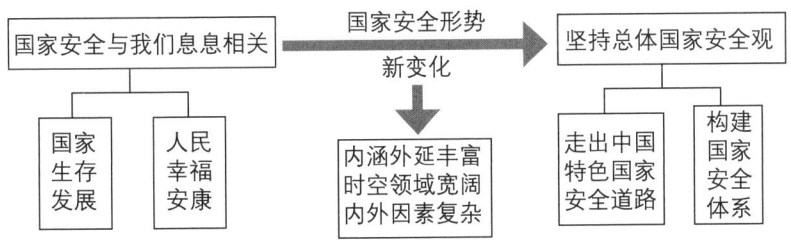

（四）作业设计

1.完成练习册本节相关习题。

2.制作一张手抄报，宣传国家安全的相关知识。

八、教学总结与反思

本节课以议题式教学将国家安全的历史经纬、内涵外延、价值意义、方案举措等有机整合，以"国家安全头等大事"为议题，重构认识国家安全的学习脉络，基于真实学情，围绕"国家安全"开展深度探究。学生在合作、探究、质疑、思辨中参与学习全过程，调动一切知识与经验着力于问题的解决，实现深度思考与学习。

本课的教学设计主要是围绕认识总体国家安全观，通过自主阅读、情景驱动、问题引导、小组讨论，同学们在合作与探究中明确基本的道理，基本理解了国家安全与我们每个人息息相关。

　　在今后的课堂教学中，要真正把话语权交给学生，要尊重学生，鼓励学生张扬个性，鼓励他们说出内心的想法和困惑，教师适时点拨和引导，和同学们一起面对和解决成长中的问题，这样做才会真正发挥道德与法治课的德育功能，提高道德与法治课的实效性。

推动总体国家安全观深入人心

大连瓦房店市第二十二初级中学　李洁泓

一、课程基本信息

主讲课程：道德与法治

使用教材版本：人民教育出版社（2017版）

教材章节出处：《道德与法治》八年级上册第四单元《维护国家利益》第九课第一框《认识总体国家安全观》

二、教学设计概述

本课是《道德与法治》八年级上册第四单元第九课第一框《认识总体国家安全观》，教材展示了一组人们享受幸福安宁生活的场景，使学生体会幸福生活来之不易，认识到幸福生活需要国家安全的有力保障。在此基础上，论述国家安全的重要性，以及怎样树立总体国家安全观。

本课所依据的课程标准的相应部分是"我与国家和社会"中的"积极适应社会的发展"。具体对应的内容标准是："感受个人成长与民族文化和国家命运之间的联系。"

同时，总体国家安全观要求构建涵盖政治、军事、国土、经济、文化、社会、科技、网络、生态、资源、核、海外利益、太空、深海、极地、生物等诸多领域的国家安全体系，这些内容也是本课设计的依据。

国家安全与每个人息息相关，国家安全得不到维护，人们的幸福生活就无从谈起，社会就不可能发展进步，民族复兴也无法保障。维护国家安全，要全面推进国防和军队现代化。国家安全与每个公民息息相关，只有人人为国家安全积极作出贡献，全社会动员起来、行动起来，才能筑牢坚如磐石的社会堤坝。青少年是国家的希望、民族的未来。在青少年中开展国家安全教育，使其系统了解各领域的国家安全形势，提高他们的国家安全意识，引导他们从小树立"国家安全、荣誉和利益高于一切"的安全观，提高其甄别不同信息的能力，十分重要。

本课的设计亮点在于引用了大量的现实例子，借助大量的直观材料，鼓励学生积极思考大胆提问，最终希望学生借助"拓展空间"引述，深入了解习近平总书记关于我国改革发展稳定面临的风险的论述；意在引导学生进一步思考国家安全面临的复杂形势和艰巨任务，做到居安思危，切实维护各个领域的国家安全。

三、学情分析

国家安全与每个人息息相关，国家安全是实现国家利益最根本的保障，关系人民幸福、社会发展进步和中华民族伟大复兴。对于八年级的学生来说，他们能够理解国家安全的重要性，但缺乏对国家安全的全面理解，对于安全的理解流于表面，认为没有战争等情况就是安全。很少有学生会想到国家安全还包含很多方面，如经济安全、政治安全、军事安全、社会安全等。他们对于国内外安全领域面临的复杂形势缺乏切实的感受和必要的了解，很难充分意识到国家安全面临的复杂形势，缺少忧患意识。因此，在青少年中开展国家安全教育，使其系统了解各领域的国家安全形势，提高他们的国家安全意识，引导他们树立国家安全、荣誉和利益高于一切，维护国家安全人人有责的观念，提高甄别信息的能力，是十分重要的。

四、教学目标

（一）政治认同

增强对总体国家安全观的理解，通过分析内忧外患的国际国内安全形势，初步建立总体国家安全观，学会从全局出发全面发展地看待国家安全的内涵与外延，深化对国家安全的认识，提高对国家安全的站位，认同国家安全观的提出。

（二）道德修养

通过东方雄狮与大马士革玫瑰的对比，明确国家安全的重要性，培养维护国家安全意识，树立家国情怀。

（三）法治观念

通过国家安全观视频的观看，认识总体国家安全观，了解相关法律法规，自觉履行维护国家安全的义务。

（四）健全人格

感受国家安全与我们每个人的生活都息息相关，培养对国家安全的保护意识，建立自觉维护国家安全的自我认同感。

（五）责任意识

通过安全与不安全的国家对比、内忧外患的国际国内安全形势，明确国家安全与每个人息息相关，自觉承担维护国家安全的责任。

五、教学重点难点

（一）教学重点：国家安全与我们息息相关

当前，我国面临着复杂的安全形势，维护国家统一、维护领土完整、维护发展利益的任务艰巨复杂。特别是随着我国对外开放的不断深化，我国与世界的关系日益密切，世界不安宁因素对中国的影响日益显现。我们必须增强忧患意识，居安思危。习近平总书记正确应对国际形势，分析改革难题，评估安全风险，提出了"总体国家安全观"。

（二）教学难点：准确把握总体国家安全观

总体国家安全观内涵丰富，立意深远。贯彻落实总体国家安全观，必须统筹外部安全和内部安全；统筹国土安全和国民安全，坚持以民为本、以人为本，真正夯实国家安全的群众基础；统筹传统安全和非传统安全；统筹自身安全和共同安全，打造命运共同体，推动各方朝着互利互惠、共同安全的目标相向而行。

六、教学设计总体思路

本课设置一个总议题"国家安全是头等大事"，下设两个环节，环节1：息息相关——国家安全初认识；环节2：居安思危——坚持总体国家安全观。

环节1中通过亚运会引出大马士革玫瑰淹没在硝烟中（叙利亚处于战乱中）和盛世中华给我们满满的安全感，进行对比，引导学生体悟国家安全的含义和重要性；环节2中通过分析内忧外患的国际国内安全形势，让学生感悟树立总体国家安全观的原因以及解读总体国家安全观的提出和发展历程，明确何为总体国家安全观，如何坚持国家安全观，旨在提升学生对总体国家安全观的理解，深化其对总体国家安全观的认识，提高政治站位，增强学生政治认同、道德修养、法治观念、健全人格、责任意识的核心素养。

七、教学过程

（一）教学流程设计

环节一：导入新课

教师活动：

1.这两组数字代表什么意思？两组数字为"4.15""12339"。（提示：全民国家安全教育日、国家安全机关举报电话）

2.为什么如此重视国家安全，既要设立国家安全教育日，又要设立国家安全机关举报电话呢？今天就让我们一起走进认识总体国家安全观来一探究竟。

学生活动：

1.根据展示的数字进行思考。

2.得出结论：国家安全与我们的生活息息相关。

设计意图：让学生切身感受国家对于国家安全的重视，体会国家安全与我们息息相关。

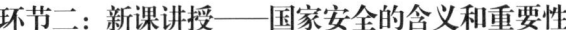

环节二：新课讲授——国家安全的含义和重要性

教师活动：

1.议学情境展示

（1）杭州亚运会上，有一个国家代表团出场时赢得了全场欢呼……叙利亚，拥有4000多年的历史，其首都大马士革是一座犹如仙境般的城市。阿拉伯古书是这样描述大马士革的："人间若有天堂，大马士革必在其中；天堂若在天上，大马士革必与它齐名。"可见这座城市的美丽与繁华。然而正如视频中所说如今大马士革的玫瑰淹没在硝烟中……（展示战争图片）

（2）叙利亚总统夫人："you have a beautiful country"，让我们来看看盛世中华的璀璨景象（视频展示），那么中国不仅beautiful，而且safe。根据国家统计局调查，人民群众的安全感达到98.6%，较2012年提升11个百分点，当今中国成为世界上公认的最安全的国家之一。

2.请你结合东方雄狮与大马士革玫瑰的对比议一议何为国家安全。如果国家处于不安全的状态，对国家有什么影响？对人民又有什么影响？

学生活动：

1.深入议学情境中，对比叙利亚和中国的现状，深刻感受国家安全的重要性。

2.国家安全是指国家政权、主权、统一和领土完整、人民福祉、经济社会可持续发展和国家其他重大利益相对处于没有危险和不受内外威胁的状态，以及保障持续安全状态的能力。

3.①国家安全是国家生存与发展的重要保障。②国家安全是人民幸福安康的前提。③国家安全关系人民幸福、社会发展进步，是实现国家利益最根本的保障，是民族复兴的根基。

*设计意图：*通过东方雄狮与大马士革玫瑰的对比，明确国家安全的含义以及重要性。

教师活动：

1.有一种观点认为和平与发展是世界的潮流，经过四十多年的改革开放，我们国家积累了强大的实力，国家安全方面取得了不小的成就，我们再也不用为国家安全担心了！

2.你赞同他的观点吗？为什么？

3.没错，威胁国家安全的内外因素仍然很多，即使处于和平与发展时代，我们仍要居安思危——坚持总体国家安全观。

学生活动：思考教师问题，得出结论：不赞同，威胁国家安全的内外因素仍然很多。

设计意图：让学生明确即使和平与发展是世界的潮流，但是仍然要重视国家安全。引出下一议学环节。

环节三：新课讲授——坚持总体国家安全观的原因、内涵、做法

教师活动：

1.展示网络攻击窃密、间谍、出卖军工涉密材料、窃取高铁数据……新疆问题、西藏问题、边境争端、香港问题、台湾问题、毒品输入、自然灾害、美加军舰过航台湾海峡、韩国重启萨德反导系统、日本排放核污水……

2.由此可见，我国的安全形势内忧外患，那么这就是总体国家安全观提出的背景，谁来概括总结一下？

学生活动：思考并回答：我国国家安全的内涵和外延比历史上任何时候都要丰富，时空领域比历史上任何时候都要宽广，内外因素比历史上任何时候都要复杂，必须坚持总体国家安全观。

设计意图：让学生通过分析内忧外患的国际国内安全形势，明确总体国家安全观提出的原因。

教师活动：

1.以材料和视频展示总体国家安全观的提出。

2.由此可见，总体国家安全观的内涵是什么？

学生活动：根据提问思考并总结：以人民安全为宗旨、以政治安全为根本、以经济安全为基础、以军事科技文化社会安全为保障、以促进国际安全为依托，走出一条中国特色国家安全道路。

设计意图：展示总体国家安全观提出和发展历程，让学生明确其含义。

教师活动：

1.议学情境展示

（1）党的二十大报告首次把国家安全单列为一个部分进行阐述，使国家安全的地位得到进一步彰显。我们要坚持以人民安全为宗旨、以政治安全为根本、以经济安全为基础、以军事科技文化社会安全为保障、以促进国际安全为依托，统筹外部安全和内部安全、国土安全和国民安全、传统安全和非传统安全、自身安全和共同安全，统筹维护和塑造国家安全，夯实国家安全和社会稳定基层基础，完善参与全球安全治理机制，建设更高水平的平安中国，以新安全格局保障新发展格局。

（2）国家安全体系构成包含16个方面：政治、军事、国土、经济、文化、社会、科技、网络、生态、资源、核、海外利益、太空、深海、极地、生物安全。

2.请同学们回答根据以上概括，应该如何坚持总体国家安全观？

学生活动：必须统筹外部安全和内部安全、国土安全和国民安全、传统安全和非传统安全、自身安全和共同安全，统筹维护和塑造国家安全。我国要构建涵盖政治、军事、国土、经济、文化、社会、科技、网络、生态、资源、核、海外利益、太空、深海、极地、生物等诸多领域的国家安全体系。

（二）课堂小结

国以安为兴，民以安为乐。国家安全是民族复兴的根基，社会稳定是国家强盛的前提。新征程上，要把强国建设、民族复兴推向前进，我们必然会遇到各种可以预料和难以预料的艰难险阻，所以必须把国家安全作为头等大事。同时，国家安全与每个人都休戚相关，离不开全社会的共同参与，作为新时代的青年，同学们要树立总体国家安全观，践行总体国家安全观！

（三）板书设计

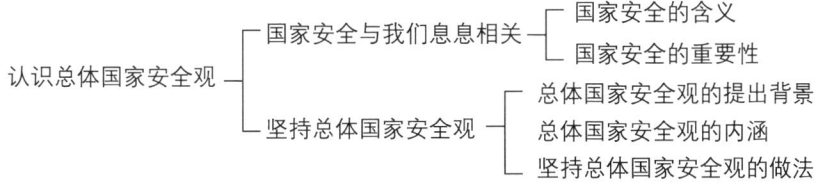

（四）作业设计

1.2023年是第8个全民国家安全教育日，下列对国家安全的认识正确的是（   ）。

A.总体国家安全观以经济安全为根本

B.总体国家安全观以政治安全为基础

C.总体国家安全观以人民安全为宗旨

D.总体国家安全观以促进国际安全为前提

2.为深入宣传总体国家安全观，某校八年级（2）班拟召开一节以"总体国家安全观"为主题的班会。关于坚持总体国家安全观的重要性，同学们展开了热烈讨论。对于以下同学的观点，你认同的是（   ）。

A.小深："维护国家安全是每个公民应尽的义务"

B.小圳："国家安全是实现国家利益最根本的保障"

C.小龙："中国政府高度重视国家安全问题"

D.小华："树立国家安全意识是青少年热爱祖国的具体体现"

3.2022年10月16日，中国共产党第二十次全国代表大会在北京召开。党的二十大报告首次把国家安全作为报告的独立一部分作了前所未有的系统阐述，对党和政府在当前统筹好发展和安全两件大事，构建现代化的国家安全体系，增强现代化的维护国家安全能力，有效保障国家安全和社会稳定，具有重要指导作用。

（1）首次把国家安全作为报告的独立一部分的原因是什么？

（2）报告强调要构建的现代化的国家安全体系是怎样的？

（五）参考资料

中华人民共和国教育部：《义务教育道德与法治课程标准（2022年版）》，北京师范大学出版社，2022年。

八、教学总结与反思

本节内容大多问题理论性较强，并且不易记忆，学生在理解上有一定的困难。为了让学生能够对树立总体国家安全观有一个清楚的概念，我们在本节中采用了一些实践活动，让学生在实践中掌握和理解，并鼓励学生在实践中进行积极的思考。同时，为了帮助学生对总体国家安全观有一个清晰的概念，借助大量的直观材料，并且鼓励学生积极思考大胆提问。

如何让学生关心时事，学会辩证思维，提升政治素养，是八年级道德与法治教学中面临的困境，希望能通过创建生活化、情境化课堂改变这一现状。由于学生的国家安全观相对来说比较狭隘，所以讲解起来需要大量的直观材料帮助理解，这方面在课前要准备充分。

为国家安全撑起一把伞

大连市三十九教育集团虎滩校区　侯　莉

一、课程基本信息

主讲课程：道德与法治

使用教材版本：人民教育出版社（2017版）

教材章节出处：《道德与法治》八年级上册第四单元《维护国家利益》第九课第一节《认识总体国家安全观》

二、教学设计概述

教育部审定人民教育出版社教材《道德与法治》八年级上册第九课第一框题。本框题以习近平总书记关于国家安全重要论述作为理论依据，进行总体国家安全观的教育，增强初中学生维护国家安全的责任感和使命感。依据课程标准中个人成长与国家命运，了解世界发展趋势，增强忧患意识，热爱祖国，热爱和平的要求。符合《中小学德育工作指南》等文件提出的"增强国家意识，热爱祖国"。体现了中国学生发展核心素养：国家认同——国家意识，国情历史，国民身份，国家主权、尊严和利益；体现了学科核心素养：政治认同、法治观念、责任意识；利于学科之间核心素养的缝合。教师通过知识的传递与内化，让学生增强国家安全意识，树立总体国家安全观，贯彻落实社会主义核心价值观，为实现伟大中国梦助力。

在教学策略中，调动学生已有知识经验、课前自主学习和小组分享，使其初步把握本课整体内容；依据学情整合资源，尊重教材栏目设计，发挥其功能；注重价值引领，触动学生心灵，激发学生热爱祖国的情感，强化政治认同，做到知行合一。

在学法指导上，让学生通过阅读、体验锻炼思维力；通过交流、合作、分享提高学习力；通过拓展和感悟提高价值判断力；注重实践提高行动力。

整个教学以体验—认知—感悟—实践为线索，突出学科核心素养和价值观教育，知情意行有机统一。

本课评价目标是考查学生达成学习目标的程度以及知行合一的能力；本课的评价主体是学生、同学、教师评价相统一；本课的评价方式是观察、谈话、项目评价，将形成性评价与终结性评价相结合，突出形成性评价，关注价值引领和学科核心素养。

三、学情分析

从学生的知识水平来看：通过前三个单元的学习，学生对个人与社会的关系以及个人应承担的社会责任有了清楚的认识。本课在第八课帮助学生理解"国家利益至上"的基础上，进一步引导学生理解国家安全是实现国家利益最根本的保障。

从学生的生活经验上看：初中学生具备一定的政治素养，有一定的自学能力，但对时政关注较少，对国家安全内容和国家安全体系认识不清。

从学生的认知阶段来看：八年级学生理解能力较强，具备一定的分析、概括的能力，有的学生平时喜好阅读观看新闻，对国家安全形势有所了解，但是有的学生平时较少接触新闻，对国家安全重要性的认识有待提高。所以学习本课需要课前了解更多的国家大事。教师应结合认知阶段和学情布置课后实践作业。

青少年爱国情怀热烈，国家认同感强。初中学生有很强的求知欲和表现欲，善于思考，乐于发言，不怕错误，有问题意识；有待通过教学和启发，做到从我做起，增强责任感和认同感。

四、教学目标

（一）单元素养目标

1.政治认同：认识国家主权的内涵，树立国家利益至上的观念，理解总体国家安全观，生活和学习中自觉维护国家主权、尊严和利益。

2.法治观念：了解法律对国家安全的保障作用，知道维护国家安全是每个公民的义务，自觉维护国家安全，自觉履行维护国家安全的义务。

3.责任意识：增强维护国家利益的责任感、使命感和爱国情感；具备国家利益高于一切的观念，能够以实际行动捍卫国家主权。

（二）课时学习目标

1.政治认同：通过生活在战火中儿童和中国儿童照片对比，激发关注国家安全和热爱和平的意识；通过纵向古今对比和横向的中外对比，了解发生战乱时国家政权的危机和人民的生活状态与感受，理解国家安全的重要性；通过小组合作探究，分析威胁国家安全的实例，知道为什么要坚持总体国家安全观，懂得辨别破坏国家安全的行为，敢于并善于同破坏国家安全的行为作斗争，增强忧患意识，培养政治认同的核心素养。

2.法治观念：通过解读法条，知道国家安全的含义。通过观看视频，了解总体国家安全观的内容。初步建立总体国家安全观，学会从全局出发全面发展地看待国家安全的内涵与外延，深化对国家安全的认识，提高对国家安全的站位，增强法治观念的核心素养。

3.责任意识：通过活动三——添砖加瓦和齐声朗诵环节，激发公民责任意识，培养崇高的价值观和人生观，自觉承担维护国家安全的责任。

五、教学重点、难点

（一）教学重点：国家安全与我们息息相关

突破策略：为了突破这一重点，本课选用一些历史题材和时政材料，如清代中国由于清政府腐败无能，国力衰退，国家安全遭受破坏，人民失去了幸福和自由，备受欺凌。选用叙利亚、阿富汗等国家长年内战，人民失去了家园等具有震撼力的情景，让学生深刻地感受没有国家的安全，人民就要受到欺凌，国家安全是人民幸福安康的前提，是国家生存与发展的重要保障。

（二）教学难点：坚持总体国家安全观

突破策略：为了突破这一难点，本课借助一些时政素材，运用多媒体多角度呈现国家维护安全的具体措施，帮助学生理解各种安全之间的关联。然后以图片或者视频为载体向学生宣传我国面临着多方面的安全威胁，增强学生的危机意识和安全意识。

六、教学设计总体思路

本课整体采用五步教学法，即创设情境、阅读教材、思考问题、分组讨论和教师讲解来完成教学目标，调动学生学习的主动性和积极性。

导入环节：将学生生活和战乱国家青少年照片以对比的方式用视频进行呈现。

新授环节：以活动为抓手，依据学生的认知起点水平和特点，对教材内容进行了逻辑块设计，设置了三个主题环节，分别是：追古谈今——感受国家安全，居安思危——探究总体国家安全观，添砖加瓦——助力国家安全。以任务为驱动，在各个活动中，围绕共同任务，通过问题驱动的方式，促进学生自主学习和小组合作探究。以网络资源为辅助，通过生动的视频，将抽象问题具体化，更符合目前学生的认知水平，降低了学习难度。在践行环节，通过参与式教学法，将责任意识核心素养落地，由基础知识的理解到能力的培养最后到情感的提升，层层递进。

七、教学过程

（一）教学流程设计

环节一：导入

教师活动：

1.站在这里，看到大家一张张洋溢着活力的脸庞，我特别感慨，在地球上的一些地方，硝烟弥漫，战火纷飞，那里的孩子们委屈、迷惘、恐惧，恶魔的手总是将他们带离自己的家园，甚至带离这个世界，徒留孤独的身影和痛苦的回忆。

2.播放课件：我们与他们。

3.观看过这一组照片合集后，你最想和大家分享的感受是什么？

4.一个国家的安全对于他的国民来说是多么的重要。今天就让我们一起走近国家安全，学习第九课第一框题《认识总体国家安全观》。

学生活动：

1.观看课件。

2.结合课件中的照片对比，并谈谈自己的感受。

3.初步感受国家安全对于我们生活的重要性。

设计意图：用音乐影像集导入新课，形、音、色俱全，直观性强，让学生仿佛亲临其境。影像集的照片很多来自学生的生活，让学生更感同身受。采用对比的方式，通过对比强烈的画面和语言，让学生深刻感受到巨大的差异性，从而引发学生更深的思考。激发学生关注国家安全和热爱和平的意识。

环节二：新授

教师活动：

1.课前自主学习检验。

2.布置任务：完成思维导图。

学生活动：根据预习提纲，用五分钟自主阅读教材相关内容，小组合作完成预习任务，初步设计出本课的思维导图。

设计意图：让学生通过思维导图初步从整体上了解本课内容。自主预习意在培养学生的自主学习能力，让学生了解课本的大致内容；培养学生合作学习精神和分享智慧的能力。

教师活动：

1.什么是国家安全？

2.今天我们能安心坐在这里学习知识，要知道，如果把时间退回到1840年，又会是一番怎样的景象呢？

3.播放课件，出示时局图。

4.在图中有八个大字："一目了然，不言而喻"，你如何理解这八个字蕴含的内涵？

5.正如同学们所说的，当我们国家的主权和领土完整遭到严重破坏时，国将不国，更不要说发展了。

6.伴随着新中国成立，中国结束了一盘散沙的局面，彻底废除了一系列外国列强强加给我们的不平等条约。中国人民成为国家的主人，全国各族人民在中国共产党的领导下，团结奋斗，顽强拼搏，我国发生了翻天覆地的变化。

你能列举出新中国成立以来，我国都取得了哪些卓越成就吗？（在学生回答后做补充。）

7.实现中华民族伟大复兴的中国梦，国家安全是头等大事，国家安全有保障，经济社会才能不断发展，祖国才能更加繁荣富强。

随着人民生活水平的不断提高，今天，有很多学生拥有了到国外留学和深造的机会，他们又会对国家安全有着怎样的认识和感悟呢？

学生活动：

1.看书回答问题，对《时局图》进行介绍，结合所学过的历史知识谈谈对本图的理解。

2.小组合作探究，完成各自的任务，在班级进行交流展示。通过阅读第97页的"探究与分享"和小组交流，思考并回答国家安全对国家的重要性。

教师活动：

1.播放视频《我是演说家》。

2.国家安全带给你哪些幸福的时刻？你能试着从这个层面，说一说国家安全的意义吗？

3.综上所述，不管是纵观历史还是横看天下，国家安全都是实现国家利益最根本的保障，关系人民幸福、社会发展进步和中华民族伟大复兴。国家安全与我们息息相关。

学生活动：

1.观看视频。

2.结合第96页的"探究与分享"和视频内容，思考并回答国家安全对个人的重要性。

设计意图：

1.初中阶段的学生不善于纵向思考，本环节结合历史学科知识和学生的已有经验，进行纵向的分析和比较，让学生在比较中明理。在比较对照的整个过程中，让学生更直观地了解国家安全对于国家的重要意义，提高辨别能力和辩证思维能力。

2.体现了课程的开放性。通过积极开发其他学科中的相关资源，加强与其他课程的有机联系和融通，形成教育合力。

3.引导学生通过讨论，主动探索问题，在合作和分享中扩展自己的经验，在自主探究和独立思考的过程中增强学习能力。

4.现阶段的学生，十分注重公平。单纯的教师说教，无法引发他们的认同，甚至可能产生负面效应。因此，在本环节，选择同样是青年人的一段演讲视频激发学生的认同感。本段视频内容来自演讲者的真实求学经历，更具有真实性和感染性。

教师活动：

1.有人认为——和平与发展是世界的潮流，经过四十多年改革开放，我们国家积累了巨大的实力，再也不用担心国家安全了。你是否认可这一观点？

2.结合教材第98页"探究与分享"，你能找到哪些威胁国家安全的实例？它们威胁到了我国哪些领域的安全？

3.通过同学们的讨论和发言，我们发现，国家安全问题涉及国家发展的各个领域。正如此，我国当下构建了政治安全、国土安全、军事安全、经济安全、文化安全、社会安全、科技安全、网络安全、生态安全、资源安全、核安全、外部安全、海外利益安全、新型领域安全等于一体的国家安全体系。

正如习近平总书记所阐述的——当前我国国家安全内涵和外延比历史上

任何时候都更丰富，时空领域比历史上任何时候都要宽广，内外因素比历史上任何时候都要复杂。针对这些情况，我国提出的总体国家安全观的内涵具体包含哪些内容呢？

4.播放视频。

5.出示课件并总结：通过视频，我们可以看出，总体国家安全观具有五位一体的安全架构，即人民安全是宗旨，政治安全是根本，经济安全是基础，军事安全、文化安全、社会安全是保障，促进国际安全是依托。

总体国家安全观是全面治国理政的国家安全总指针。习近平总书记强调贯彻落实总体国家安全观，必须处理好五对关系。

6.总体国家安全观体现了我国国家安全战略的新思路，充分彰显了我们党从战略高度主动运筹国家安全工作的政治勇气和高超智慧。

学生活动：

1.小组合作，结合教材和生活经验进行讨论交流，初步感受当今世界威胁我国国家安全的因素。

2.观看视频，小组合作对图片材料进行分析、思考讨论。

设计意图：将教材进行了有机整合和组织，优化了教学过程，提高了课堂效率，提高学生的归纳能力和一分为二的辩证思维能力。这部分知识对学生而言既新颖又陌生，采用幽默诙谐的动画视频进行展示，更生动直观，把枯燥的理性知识的学习转变为气氛活泼的学习。通过图片展示，让知识更直观化。

环节三：践行升华

教师活动：今日，强大的中国赋予了我们强大的安全感，那么，作为青少年的我们，又能为国家安全做些什么呢？在纸上写下你能为国家安全做些什么。

学生活动：

1.按照要求，结合本课所学所感，将自己的想法写在纸上。

2.学生代表发言。全班将发言粘贴到黑板上。

设计意图：将高高在上的总体国家安全观回归到学生生活，激发学生的公民责任感，提升学生的践行力。

（二）课堂小结

我们之所以感觉到安全，是因为我们的身边有很多人在为我们承担风险。他们是边疆官兵、维和部队、外交官、公共服务的各行各业，他们都在为你和我更强的安全感不懈努力。但即便不懈努力，我们国家还是有一些不完美的地方，所以，今日中国固然强，但今日之中国少年唯有更强。因为只有这样，我们才能骄傲地回应，少年强则国强，中国强则中国少年更强，中国强就是因为少年强。让我们一起努力，为国家安全撑起一把伞。（播放音乐、图片）

（三）作业设计

完善思维导图，利用课余时间对生活中涉及国家安全的不安定因素进行调查和记录，并提出合理化建议。

（四）参考资料

《我是演说家》，https://open.163.com/newview/movie/free?pid=MFSFI4SRN&mid=MFSFICSTL.

八、教学总结与反思

关注课堂导入。本节课以学生生活作为素材和生活在战乱国家的青少年生活进行对比，搭配悲壮的音乐，直观性强，采用对比的方式让学生直观强烈地感受到两种生活的差异，从而引发更深的思考，激发了学习的兴趣。

教学思路清晰。依据学生的认知起点水平和特点，对教材内容进行了逻辑块设计，设置了三个主题环节，分别是：追古谈今——感受国家安全，居安思危——探究总体国家安全观，添砖加瓦——助力国家安全。以学生自学为前提，通过设置活动情境，充分利用网络资源，让学生在参与活动的过程中学习知识、理解知识、活用知识。在践行环节以活动为抓手，使责任意识核心素养落地，整合教学环节由易到难，由基础知识的理解到能力的培养最后到情感的提升，层层递进。

维护国家利益需要每一个你

锦州凌海市第二初级中学　曹　京

一、课程基本信息

主讲课程：道德与法治

使用教材版本：人民教育出版社（2017版）

教材章节出处：《道德与法治》八年级上册第四单元《维护国家利益》第八课第一节《国家好　大家才会好》

二、教学设计概述

学生的发展是一个持续的过程，知识的学习也是一个不断积累的过程。教师要正视一体化教学的重要性，依据学生认知发展的规律，开展针对性的教学，加强思想政治课程的有效衔接和一体化建设。本框题主要阐述了国家利益的内涵、个人利益和国家利益的关系等知识点。本框题是构建总体国家安全观的基础理论，是共筑国家安全防线的教学起点，起到统领教学的意义。初中阶段的学生思维还不够成熟，教学应该注重学生的体验、感悟、思考，引导学生结合自身实际与社会发展状况，理解国家安全与我们息息相关，树立正确的国家利益观，养成积极的心理品质的品格修养以及"天下兴亡，匹夫有责"的责任意识，增强维护国家利益的责任感和使命感。

本课时教学融合了政治认同、道德品质、健全人格、权利义务等核心素养的内容，依托学生所学的历史、语文相关知识，增强学习的趣味性，力求从情感体验的角度深化教学。首先设计"说文解字"环节，融合了历史、语文知识，从"国"字的变迁入手，提出课时议题"国强才能民安"。由于这个议题较为宏大抽象，因此设计了两个分议题，从宏观到微观角度带领学生深入学习。在分议题一"国家发展联系人民幸福"的活动中，我设计了四个镜头，基本涵盖了从新中国成立到改革开放再到新时代中经济、政治、军事、文化等领域，引导学生理解国家发展对人民的影响。在议题探究之后，设计"分享时刻"环节，让学生以小组为单位，说说国家发展的典型事件，丰富国家发展的镜头，增强国家发展与人民关系的感悟。在分议题二"国家利益需要人民协力"，转向了微观叙事，引入了各行各业保障春运的情境，从可感知的生活事件引导学生理解党和政府出于对国家利益和人民利益的维护积极组织春运雨雪救灾工作，并感受每一个平凡的人都能够为国家和人民作出自己的贡献，进一步加深对国家利益同人民利益紧紧联系在一起的体验。最后以"我是小诗人"活动做结，激发学生的情感共鸣，使其转化为内心信念。

整个教学对教学内容和学生学情作出全面的正确的评估，突出共筑国家安全这一主题在初中教学中的特点和要求，有利于一体化教学的有效衔接和配合，落实核心素养。

三、学情分析

初二的学生通过之前的道法课程学习以及语文、历史等学科的学习，已经接触过一些关于爱国主义、国家安全等的知识，具有一定的爱国情感意识。但是因为学生没有系统、完整地学习关于国家、国家安全、爱国主义等的知识内容，对"国家""国家安全"的意识还是比较模糊的，特别是对于一些历史事件或者热点话题的分析理解，还处于感性认识阶段，无法从理论层面作出自己的解读。因此教学过程中，要以学生所熟悉的内容作为教学情境，依托学生的生活经验和感受，引导学生探究国家利益的相关内容，并通过反思领悟理解国家利益与人民利益的关系，从而使学生对"国家"的知识有一个相对系统的了解，为其树立国家安全意识做好基础铺垫。

四、教学目标

本课时阐述了国家利益的内涵和外延，说明了国家核心利益的基本内容，学生需要深刻理解和分析国家利益和人民利益的关系，知道国家利益是人民利益的集中体现，进一步树立正确的国家利益观念，增强维护国家利益的使命感，并能够依据所学知识分析社会现象和生活热点，提高运用国家观念分析事物的能力，加深对总体国家安全观的理解。本课课时内容较为简单，在单元教学中起到了引领的作用，重在情感体验学习，意在阐述基本的概念和关系，为后面认识总体国家安全观做好理论基础，并为积极践行维护国家利益做好前提铺垫。

学生通过自主学习，能够了解国家利益的内涵和外延，知道国家核心利益的基本内容，懂得个人与国家的关系，为树立爱国主义的崇高理想打好知识基础。

学生通过新中国成立后，国家在经济、政治、文化等方面的发展成果，正确理解国家利益与人民利益的关系，认同国家利益是人民利益的集中体现。

学生通过我国春运过程中各行各业协力排除困难，保障春运安全的案例，认识到正确处理个人利益和国家利益的关系，树立正确的国家利益观，提高道德修养水平。

学生通过了解国家发展的成就，在理解个人利益和国家利益关系的知识基础上，增强维护国家利益的责任感和使命感，积极践行维护国家利益，增强爱国情感以及对国家的归属感和使命感。

五、教学重点难点

本课的教学重点是国家利益及国家核心利益的内容。这一内容属于基本理论知识，难度不大，但是地位却比较重要，是树立总体国家安全观的理论基础。这一知识相对比较抽象，很多学生往往会把国家利益等同经济利益、安全利益等单一方面的内容，因此在教学中，要采用学生生活中关于国际利益的具体素材和情景，从而增强教学的直观性，让学生从感性认识上升到理性认识，理解国家利益的内涵，认识国家利益及国家核心利益的内容。

本课的教学难点是国家利益和个人利益之间的关系。这一内容是国家利益内涵的深化，也是树立总体国家安全观的基础理论。学生在之前的学习中，其实已经接触了集体利益和个人利益的关系等知识点，因此对这一知识的理解相对比较容易。在教学中，要注意不仅仅是要学生能够熟悉记忆这一知识点，更重要的是要学生能够把这一知识落实到实践之中，认识到个人梦想的实现离不开国家的发展，只有国家好了，大家才会好，因而要以国家利益为重，从自身点滴做起，为国家发展贡献自己的力量。

六、教学设计总体思路

本课时主要采用学生自学法、自主探究法、议题分析等方法，让学生在议题探究中寻求答案，一步一步梳理知识，并学会运用课本知识解答现实问题，指导现实生活，真正地让教学变成学生的课堂。在实际教学过程，教师通过展示新中国成立后所取得的一些成绩，结合学生课前收集的相关资料，重点引导学生学习国家利益的内涵，认识国家利益和人民利益的关系；教师再从各行各业保障春运安全这一微观事件入手，指导学生理解国家利益和个人利益的关系，国家利益需要人民协力；最后以收集爱国名人名言为情感拓展，把对国家利益的理解落实到情感熏陶之中，激发学生增强维护国家利益的责任感和使命感，积极践行维护国家利益的激情。整节课发挥了学生小组合作的优势，采用了多媒体教学，通过图片资料为学生创造生动形象的直观教学情境，初步激发学生自觉投身实现宏伟目标的大潮中，实现人生价值的动力，为树立总体国家安全观做好理论铺垫和情感铺垫。

七、教学过程

（一）教学流程设计

环节一：教学导入，提出课时总议题——国强才能民安

教师活动：

1.展示篆书"国"。《说文解字》说："國，邦也；从口从或。"1956年，国务院公布《汉字简化方案》，将"國"简化为"国"。武力保护下的人口和土地，被"玉"所代表。寓意着国家应该是国人心目中最美好、最美丽的家园。

2."国"这个文字的构造说明了什么。由此联想，国家利益和我们有什么关系呢？国家的发展和我们又有什么关系呢？我们怎样维护国家利益？

学生活动：解读文字含义：大"口"表示疆土地域的范围，表示国家周边应该有防；小"口"为国境线里的人口；"戈"作为古代的兵器，对外抵御侵略，对内维持治安；"或"字下方的"一"表示土地。"国"字的原创形态直接告诉我们：国家就是武力守卫的一方疆域。

设计意图：以文字的起源引入课堂，能够较快调动学生的兴趣，并把抽象的知识转化为形象的图案，更易于学生理解和接受。引导学生从"国"的解读中，知道国家利益是一个主权国家在国际社会中生存需求和发展需求的总和，关系民族生存、国家兴亡，为后面的学习做好理论铺垫。

环节二：议题教学，提出分议题一——国家发展联系人民幸福

教师活动：

1.镜头1：中国共产党在领导新民主主义革命过程中，逐步探索出一条以农村包围城市、武装夺取政权、最后夺取全国胜利的新民主主义革命道路。1949年10月1日，毛泽东同志向全世界庄严宣告"中华人民共和国中央人民政府今天成立了！"这个洪亮的声音震撼了北京城，震撼了全国，震撼了全世界，开创了中国各民族人民的新世纪。

镜头2：改革开放以来，我国从高度集中的计划经济体制到充满活力的社会主义市场经济体制、从封闭半封闭到全方位开放的伟大历史转折，生产力得到前所未有的大解放，综合国力显著增强，人民生活明显改善，国际影响力大幅提升，走出一条在一个十几亿人口的发展中大国摆脱贫困、迈向富强的崭新道路。

镜头3：2012年9月25日，中国第一艘航空母舰001型航母正式交付中国海军，命名为"中国人民解放军海军辽宁舰"，舷号为"16"，从这一天开始，中国有了自己的航母。2019年12月17日，"山东舰"在海南三亚某军港交付海军。2022年6月17日，经中央军委批准，中国第三艘航空母舰命名为"中国人民解放军海军福建舰"，舷号为"18"。中国海军已经昂首进入三航母时代。

镜头4：2024年春节联欢晚会上，《唯我青白》中的选段《瓷影》通过舞者的肢体语言展现青白瓷跨越千年的独特魅力；《锦鲤》融合现代舞和古典舞等多种元素，采用了写意的表达，向观众传递了美好的祝愿；西安分会场上演的《山河诗长安》，千人齐诵名篇《将进酒》的震撼场面让观众"热血沸腾"；《年锦》上演了一场人从画中来的古代"时装大秀"，织出一幅跨越千载的纹样变迁图卷。这些节目通过电视、网络同频直播，为海内外华人呈上视觉盛宴，打造出了引领性、示范性作用的精品力作。

2.引导学生从以下角度思考：这几组镜头分别体现了我国在哪个领域的利益？在这些要素中，最核心的、最重要的、关乎国家存亡的有哪些？

3.你还知道国家发展的哪些典型事件，这些发展与人民有什么关系呢？

学生活动：

1.自习课本内容，分小组开展议题探究。这几组镜头分别涉及了政治、经济、军事、文化等领域的国家利益，由此可以得出国家利益涉及政治、经济、文化、社会、军事等领域，包括安全利益、政治利益、经济利益、文化利益等。国家利益是一个主权国家在国际社会中生存需求和发展需求的总和，包括人口、领土、主权和政权等，它们关系到民族生存、国家兴亡。在这些要素中，国家的核心利益包括国家主权、国家安全、领土完整、国家统一、宪法确立的国家政治制度和社会大局稳定、经济社会可持续发展的基本保障。

2.以小组为单位，说说国家发展的典型事件，可以是改革开放、国企改革、外交故事、民生问题等，由此可以知道国家利益至关重要，我们要积极维护。

设计意图：以镜头的形式展现了新中国从成立到新时代的发展，内容涵盖了经济、政治、文化、军事等方面，从而引导学生理解国家利益的内容，并通过小组分享活动，丰富国家发展的镜头，了解国家利益所涵盖的内容和范围，并从中感悟国家发展与我们的关系。

环节三：议题教学，提出分议题二——国家发展联系人民幸福

教师活动：

1.1月26日，2024年春运拉开大幕。回家路上，涌动着中国人对团圆的温暖期盼。这是疫情防控转段后第一个常态化春运，中国出现了今年首场大范围雨雪过程。当地政府组织救灾工作组，实地察看受灾情况，研究进一步加大救灾工作支持力度的措施。公安部门联合应急、路政等部门，滚刷式吹雪车、铲雪车24小时作业，进行撒盐融雪除冰，采取压道警车牵引、客危运车辆临时管制等措施，最大限度地确保辖区通行安全；多地电力公司通过增设冰情监测哨点，组建应急队伍，应用主网融冰装置、农配网融冰装置；政府还广泛发动志愿者，努力对高速公路滞留人员进行救助，重点帮助解决吃饭、喝水、因病用药等问题。

2.引导学生从以下角度思考：面对灾情，国家为什么要积极采取措施？谁为抢险作出了贡献？他们为什么要这样做？

学生活动：自习课本内容，分小组开展议题探究。国家利益是人民利益的集中体现；人民利益的维护离不开国家利益，党和政府出于对国家利益和人民利益维护，积极组织抢险。每个人在自己平凡的岗位上辛勤劳动，推动着国家发展和社会进步。国家利益的实现，需要人民艰苦奋斗。在当代中国，国家利益与人民利益是高度统一的。国家利益同人民利益紧紧联系在一起，二者高度统一，相辅相成。

设计意图：从前面的宏大叙事背景转入春运情境，更贴近学生生活，实现由大到小由远及近的素材解读，更能够引导学生全方面理解国家利益和人民利益的关系；让学生通过感受各行各业人员的努力，理解每个人是如何推动国家发展和社会进步的，为下一框题做好基础和铺垫。

环节四：情感升华

教师活动：

1.展示一些名人名言，与学生共同学习：

苟利国家，不求富贵！——《礼记》

苟利国家生死以，岂因祸福避趋之。——林则徐

爱国主义就是千百年来巩固起来的对自己的祖国的一种最深厚的感情。——列宁

我怀着比对自己的生命更大的尊敬、神圣和严肃，去爱国家的利益。——莎士比亚

2.拓展活动比一比，谁积累的"爱国名言"更多。

学生活动：以小组为单位，写出关于"爱国"的名言，比一比哪个小组写得更多更快。

设计意图：收集爱国名言，把道法课程与语文课程相结合，提升学生的人文素养，激发爱国情感，落成核心素养。

（二）课堂小结

祖国是我们成长的摇篮，她以广袤的土地和灿烂辉煌的思想文化，养育着一代又一代中华儿女。对伟大祖国，我们每个人都怀有最深厚、最纯洁、最高尚、最神圣的情感，决不允许她的荣誉和利益受到任何亵渎和损害。这一节课，我们认识了国家及国家利益的内涵与外延，在日常生活中也要关注国家利益，它关系到民族生存、国家兴亡；同时也知道了国家利益与人民利益的密切联系，我们要维护国家利益，把国家利益、民族利益、人民利益紧密联系在一起，国家好，大家才会好。

（三）板书设计

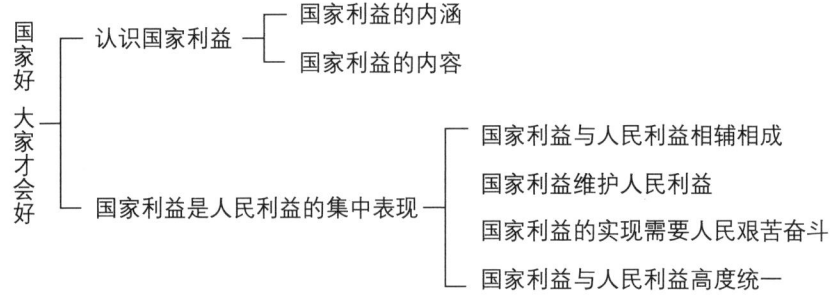

（四）作业设计

收集为国家为人民作出杰出贡献的英雄人物，整理好他们的故事，制作一期宣传画报，或者举办一次朗诵活动。

（五）参考资料

[1]中共中央党校（国家行政学院）：《习近平新时代中国特色社会主义思想基本问题》，人民出版社、中共中央党校出版社，2020年。

[2]《二十大报告——推进大中小学思想政治教育一体化建设》，《中国教育报》，2023年4月。

八、教学总结与反思

爱国主义教育是带着一定的目标开展的，与道法课堂的融合也是建立在一定的教学目标上。这就要求在爱国主义教育融合道法教学的过程中，整合两者的教学目标，使其能够方向一致，这样才有可能实现高效教学。本课时在学生自主学习的基础之上，对于"国家利益""国家利益和个人利益的关系"等重要问题进行合作探究，落实重点，突破难点；运用议题教学法培养学生运用知识发现问题、分析问题与解决问题的能力；运用多媒体教学手段，采用图片、视频等资源，丰富课堂形式，活跃课堂气氛；分享活动、课后拓展作业等能够有效检测学生对所学知识的理解和运用程度，符合学生的认知和兴趣爱好，锻炼学生理论联系实际的能力，坚定维护国家利益的信念，激发做有时代担当的青年、自觉投身新时代的建设中去的热情。

筑牢大国长安的青春防线

大连市第二十四中学　张成尧

一、课程基本信息

主讲课程： 当代国际政治与经济

使用教材版本： 人民教育出版社（2019版）

教材章节出处： 高中思想政治选择性必修一《当代国际政治与经济》第一单元《各具特色的国家》综合探究《国家安全与核心利益》

二、教学设计概述

本课程以《普通高中思想政治课程标准（2017年版2020年修订）》为基本遵循，紧紧围绕高中阶段"常识性学习"的思政课一体化育人目标和核心素养目标进行教学设计。具体说明如下：

（一）设计思路

本课程采取"以学为中心，以学生为主体，以教师为主导，将学习课堂交给学生"的教学理念。通过"大思政课"的"校内校外"混合式学习以及"虚实结合"的方式，由内调动学生自主探索的内驱力（创新性）；以培育学生学科核心素养为核心目标（素养性），以学生获得自主学习与主动探究的能力为关键目标（挑战性），以知识为载体，活动为依托，着力培养学生自主运用知识解决实际问题的能力（创造性），以培养学生正确的世界观、人生观和价值观为核心（高阶性），促进学生知、情、意、行的协调发展。

（二）理论依据

1.学科内容理论依据

新时代新形势不仅呼唤新的发展观、改革观，还需要新的安全观。党的十八大以来，习近平总书记站在国家发展和民族复兴的新起点上，结合当今时代特点和世界发展大势，深入思考新时代"实现什么样的国家安全，怎样保证国家安全"这一重大战略课题，创造性地提出总体国家安全观，揭示了国家安全的本质和内涵，科学回答了中国这样一个发展中的社会主义大国如何维护和塑造国家安全的基本问题，标志着我们党对国家安全的认识达到了新高度。

2.教育学理论依据

（1）建构主义：建构主义学习理论认为"情境""协作""会话"和"意义建构"是学习环境中的四大要素或四大属性。所以，本课通过丰富情境、创设活动、合作探究等方式实现教与学的双向互动。

（2）主体教育理论：学生在学校中首先是在过一种生活，学习是其生活的一个有机组成部分；学习不再只是未来生活的准备，而是成为一种特殊的生活；评价学生学习活动的成效或价值，不能只看其对未来生活的作用，必须同时看其现在对主体的意义。所以，本课程遵从"教学评一体化"的生活化情境设计。

（三）设计特色

本课最大的创新在于教学方法的突破。

1.循序渐进的教学方法与交互式教学法相结合。教学环节基本遵循循序渐进的教学方法，任务难度逐渐升级。同时，在各环节中，还设置了双重反馈的交互式设计。反馈可及时提醒学生在任务展开中出现的问题，实现"教学评"的"全程""全方位"一体化。

2.议题教学法与实践调查法相结合。本节课通过议题引领，学生在任务驱动与议题探究中实现议中学、议中思、议中悟、议中生成。另外，思政课要充分实现学校小课堂和社会大课堂的结合，课后要通过任务驱动的方式，指导学生走向社会、开展社会调查。

三、学情分析

（一）思想特点

高二学生思想呈现出以下新特征："坚守与屈从博弈"，即坚守自我努力价值和屈从生活实际的认知矛盾；"聚焦与离散交互"，即聚焦传统价值取向与接受多元可能的认知矛盾；"开放与迷茫交替"，即认同自我价值实现与奉献国家社会的认知矛盾。所以教师要从学生思想的"矛盾点"出发，去释疑解惑。

（二）知识储备

学段	对应年级（册次）	对应课题（单元）	内容
小学	五年级上册	"我们的国土 我们的家园""骄人祖先 灿烂文化"	从基本国情层面介绍，对学生进行国土安全和文化安全的启蒙
	六年级下册	"科技发展造福人类""我们爱和平"	介绍了科技、文化及中国人民解放军对于维护国家安全的作用
初中	八年级上册	"树立总体国家安全观"	从是什么、为什么、怎么做三个层面对总体国家安全观进行了系统的介绍
高中	选择性必修一《当代国际政治与经济》	综合探究"国家安全与核心利益"	涉及国家安全含义、原因以及如何坚持
大学	《习近平新时代中国特色社会主义思想概论》	"坚持总体国家安全观"	全面、系统、深入介绍

据上表分析可知，通过初中及小学的学习，高中生已经对"总体国家安全观"的内容有了相对完整的认知，所以高中教学要在破解学生"疑问点"进而增强"认同点"上下功夫。

（三）能力水平

高二年级的学生接受能力较好，长于形象思维，并具备一定的抽象思维能力；乐于发言与表达，具备合作能力，喜欢跟同学、老师合作；注意力相对持久，思考问题具有一定的深度、广度。

四、教学目标

（一）目标设计依据

1.根据课标要求引用实例，比较不同国家的特点及其发展状况，阐明我国的总体国家安全观。让学生坚持以马克思主义立场、观点、方法评析各国的政治制度，坚定走中国特色社会主义道路的信念和信心；了解我国的总体国家安全观，认同国家安全利益是国家的最高利益，明白国家安全，人人有责。

2.根据思政课一体化"循序渐进，螺旋上升"总体要求，高中阶段重在开展常识性学习，重在提升政治素养，引导学生衷心拥护党的领导和我国社会主义制度，形成做合格的社会主义建设者和接班人的政治认同。

（二）目标具体化设计

1.以"坚定制度自信，铸牢政治安全意识"为议题，选取典型国家，精选材料，制作图表、板报等，归纳西方政权组织形式的特点，探究国体和政体的关系。以马克思主义立场、观点、方法评析各国的政治制度，引述相关典型事例，论证社会主义民主政治制度的优越性，明确人民当家作主是社会主义民主政治的本质，增强对国家安全政策的理解与支持，明确保障人民当家作主的作用及意义。

2.以"坚定中国特色社会主义制度自信"为议题，收集发展中国家引入西方民主模式进行民主制度改革却失败的典型案例，运用唯物史观思考社会转型的复杂变化及其原因，探究中国民主政治制度绝不能照搬西方政治制度模式的道理；辨析不能照搬西方民主模式与借鉴人类政治文明成果之间的关系，以辩证的思维思考中国政治体制改革问题，坚持和发展中国特色社会主义制度。

3.以"国家安全，人人有责"为议题，通过设计调查问卷，让学生调查在维护国家政治安全方面存在的问题，并提出解决方案；了解维护国家安全的相关法律法规，学会用科学的方法分析国家安全问题。以"青春彰显大义，维护国家安全"为主题，开展"微调查"活动，调动学生积极参与维护国家安全宣传活动，对漠视和损害国家安全的行为提出解决问题的行动方案并贯彻落实。

五、教学重点难点

（一）教学重点

正确描述中国特色社会主义制度的优越性，坚定中国特色社会主义制度自信。

策略：通过创设"中西政治制度对比"材料情境，以任务驱动的方式，引导学生比较中美两国的政党制度的区别所在，科学评价我国政党制度的优越性，全面认识和把握中国特色社会主义制度的优势，让学生在情境中感受，在交流中提升，在活动中践行。以"问题意识"为导向，通过精选设问助推师生互动，在层层推进中实现教师"助产师"的角色定位，助推核心素养落地生根。

（二）教学难点

总体国家安全观的内涵、核心和要求；自觉维护国家安全和利益的意识和能力。

策略：把学习置于"物说""数说""访谈"教学情境中，引导学生积极、主动地参与教学，让学生在"悟"中学，以此建构起能灵活迁移应用的知识经验。特别对于抽象、枯燥的国家安全知识，具有一定趣味性的素材资源，能唤起学生的学习兴趣，激发学生的学习主动性，促进师生以及生生之间的有效互动和情感交流。

六、教学设计总体思路

根据思政课一体化"循序渐进，螺旋上升"总体要求，高中阶段重在开展常识性学习，基于学情，我建构了"一核四维"即以"学生为核心"和"知·情·信·行"的常识性教学策略。具体如下：

1.一体化教学的前提：以学生为中心。通过调查研究，充分了解学情，根据学生需要科学制定目标，精选教学议题，精心设计教学策略，紧扣教学评价。

2.常识性教学的关键：整合教学内容。通过大概念引领建构大单元教学，课时教学，通过议题式教学，引领学生在议题中充分思考、交流、感悟、生成。

3.常识性教学的抓手：创新教学方式。基于"教学评一体化"的设计策略，以"知·情·信·行"为目标落点，教学方式的选择力求浑然一体。

4.常识性教学的旨归：突出价值引领。培育政治认同是思想政治学科的本色。所以，"知·情·信·行"四个环节要紧紧围绕价值目标的落地与生成。

七、教学过程

（一）教学流程设计

环节一：新课导入

教师活动：

1.播放视频《巴以冲突　加沙地带》。

2."我们把该打的仗都打完，我们的后辈就不用打了。"这是身处战争年代的先辈们保家卫国，保卫人民的热血与担当。各种区域冲突让我们清醒地认识到，我们没有生在和平的世界，只是生活在一个和平的国家。哪有什么岁月静好，不过是有人替我们负重前行。此生有幸，生于华夏！

学生活动：观看视频，感悟国家安全的意义，提升国家安全意识，培养国家安全观。

设计意图：以时政热点"巴以冲突"为切入点，引导学生关注社会、关注时政的同时，感受生于华夏的民族自豪感，感受生在和平年代的中国何其有幸，引导学生树立国家安全意识，引出本节课学习的内容：国家安全与核心利益。

环节二：议学活动1——坚定制度自信，铸牢政治安全意识

教师活动：

1.播放视频《漫谈美式民主发现"灯塔国"的新内涵》。从众议长麦卡

锡被投票罢免事件，引导学生客观分析美国式民主的原因、现状及其弊端。

2.党的二十大报告中提出"中国式现代化是人与自然和谐共生的现代化""要站在人与自然和谐共生的高度谋划发展"。在此背景下，第十四届全国政协新增"环境资源界"。会中他们发挥党派界别集体智慧优势，从专业视角共商生态文明大计，形成高质量的界别提案，新界别为新一届全国政协注入新鲜气息，不断增强了我国政协制度的效能，汇聚起实现民族复兴的磅礴力量。

学生活动：观看视频，结合我国人民政协新增"环境资源界"，并在党的领导下紧扣人民对美好生活的向往，汇聚集体智慧优势，为实现人与自然和谐共生的现代化建言提案的情境材料，小组合作探究，比较中美两国的政党制度的区别，科学评价我国政党制度的优越性。

设计意图：引导学生关注国内外重大时政，在认识美国式民主引发的闹剧的同时，反观我国共产党与各民主党派之间亲密合作的友党关系，更加深刻地认识我国政党制度优越性，进一步深化学生们的制度自信。

环节三：议学活动2——肩负使命，自觉维护国家政治安全

教师活动：

1.1840年鸦片战争后，我国开始沦为半殖民地半封建社会，无数仁人志士为救亡图存展开了无数的探索。从太平天国运动、洋务运动、戊戌变法到义和团运动、清末新政，近代中国尝试过君主立宪制、议会制、多党制、总统制等各种形式，但都以失败告终。

2.乌克兰——西方输出民主的牺牲品。

早在冷战时期，美国等西方国家就将"输出民主"作为演变社会主义阵营的战略工具。美国在多个国家煽动"颜色革命"，以西方价值观为旗帜建立亲美欧政权的"政权更迭"，乌克兰推翻了原来的亲俄罗斯政府，建立了亲美国的民选政府。

深处美俄地缘政治的核心地带的乌克兰一味谋求加入北约，苏联解体后，乌克兰几乎沦落到苏联15个加盟国中发展程度"垫底"的境地。

学生活动：根据所学知识，归纳概括我国民主的特点。结合所学知识和材料，辩论中西方民主何为民主的真谛。驳斥全盘西化论，分析国家制度的选择的依据。

归纳分析得出结论：要立足国情，探索适合本国具体实际的民主制度和民主模式。虽然我们需要借鉴吸纳国外政治文明的有益成果，但绝不能放弃中国政治制度的根本。

设计意图：回顾历史，以史为鉴，引导同学们认识我国的发展不能照搬别国的政治制度。了解乌克兰的发展现况，以乌克兰、叙利亚等国家的发展为鉴，认识照搬别国政治制度的危害，坚定同学们的政治制度自信，调动同学们肩负使命，自觉维护国家政治安全的情感。

环节四：议学活动3——国家安全，人人有责

教师活动：

1.国家安全指国家政权、主权统一和领土完整、人民福祉、经济社会可持续发展和国家其他重大利益相对处于没有危险和不受内外威胁的状态，以及保障持续安全状态的能力。

2.2023年11月4日，加拿大"渥太华"号舰载直升机护卫舰挑衅逼近我国西沙领空，挑衅危害中方主权安全；各地海关在进口快件中查获各种黑腹果蝇、活体巨人恐蚁、化学生物制品等危害我国生物安全的物品；有外国政府背景的黑客组织对武汉市地震监测中心实施了网络攻击，导致地震监测数据泄露，通过地震烈度可判断建筑类型，甚至推测是否存在军事建筑，这一行为严重威胁中国国家安全。

学生活动：在我国国土、经济、科技、网络、粮食、生物、军事等方面任选一个角度，从我国发展面临的危险和困境以及维护其安全的思路和方法方面组织发言，开展主题为"国家安全，人人有责"的主题演讲活动。

设计意图：通过主题演讲活动充分调动学生参与维护国家安全的积极性和主动性；在活动中保障学生主体地位的同时，引导学生在活动中客观分析我国国家安全的现状，分析各方面安全面临的风险与挑战，并在演讲中为维护国家安全建言献策；提升学生公共参与的能力和素养。

（二）课堂小结

党的二十大报告指出，国家安全是民族复兴的根基，社会稳定是国家强盛的前提。必须坚定不移贯彻总体国家安全观，把维护国家安全贯穿党和国家工作各方面全过程，确保国家安全和社会稳定。青年强，则国家强。当代中国青年生逢其时，施展才干的舞台无比广阔，实现梦想的前景无比光明。

同学们，我们生逢盛世，何其幸哉！所以，必须要明确：每个公民都有维护国家安全的义务。我们要学会鉴别和警惕危害国家安全的行为，发现和弘扬身边维护国家安全的正能量，增强对国家的向心力和归属力，为维护国家政治安全贡献力量。

（三）板书设计

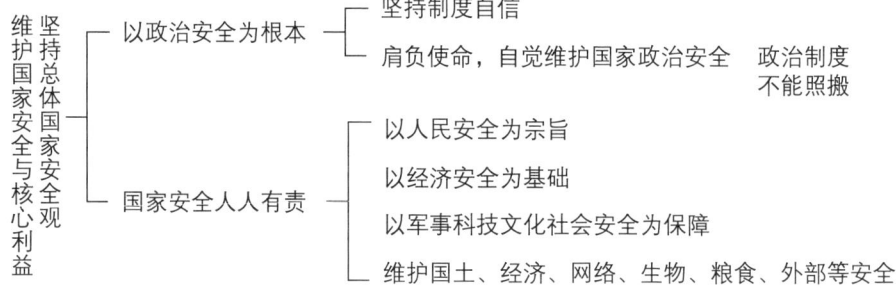

（四）作业设计

1.认知作业：任选一个国家安全的角度，利用所学知识，撰写一份维护国家安全的倡议书。

2.实践作业：围绕"高中学生对国家政治安全的认知与态度"主题，设计一份调查问卷，并分析调查结果，争做国家安全小卫士。

（1）调查高中学生对国家安全、政治安全的总体认知情况。

（2）调查高中学生维护国家政治安全的意识和能力。

提示：需明确调查主题、调查对象、调查方式、有效问卷、问卷构成等方面。

（五）参考资料

[1]中共中央宣传部、中央国家安全委员会办公室：《总体国家安全观

学习纲要》，学习出版社、人民出版社，2022年。

[2]谢伟：《中国共产党国家安全观的历史传承与时代启示》，《文化学刊》，2024年第2期。

[3]《一文读懂总体国家安全观》，https://mp.weixin.qq.com/s?__biz=MzU5MTg4NjI4Ng==&mid=2247534870&idx=2&sn=1b2449af7c901b5ed17ac2cc6a98d239&chksm=fe2a2bb7c95da2a1a906744de4b836737418a637c7007f7698acc9f91002965d57171b3c5670&scene=27.

[4]《中华人民共和国国家安全法》。

八、教学总结与反思

从本节课的内容逻辑来看，本节课一共有三个部分的内容，第一部分坚定中国特色社会主义制度自信，第二部分阐述了政治制度不能照搬，第三部分要求探究国家安全，人人有责。具体来看，本课有三个亮点：

1.落实议题式教学，创建活动型课程。本节课采用议题—情境创设—任务驱动—问题导向的教学模式贯穿于学生的自主活动、合作探究、主题演讲、写倡议书建言献策等课内外活动中，确保了每一个情境和活动中学生的参与和知识的传授有机结合。

2.践行新课程理念，尊重学生的主体。新课程倡导"课程是一种经验，强调体验；课程是一种过程，强调参与生成"，转变单一、被动的学习方式为"自主、合作、探究"的学习方式。从备课到教学紧跟学生的学情和学习特点设计了本课教学的活动任务：合作探究篇、主题演讲篇、倡议建言篇。

3.环节链紧密衔接，重难突出巧落实。各环节衔接到位，使整节课互有呼应，取得了比较好的教学效果。另外，根据新课标要求，本节课花了较多实践来引导学生通过小组合作探究使重点问题简易化、条理化。

"课堂教学永远是一门遗憾的艺术"，本节课的不足之处主要有以下几对矛盾：

1.活动型课程构建与学生时间分配之间的矛盾。本节课关注了活动型课堂的构建，给学生安排课前查阅资料的活动，课中又组织了合作探究、评析辩论、主题演讲、撰写倡议书等活动，设计理念上确实符合活动型课堂的要求，但却占用了学生许多其他学科学习的时间，同时由于探究活动耗费的时间也比较长，未能在评析辩论和主题演讲环节让更多的同学来展示探究成果。

2.活动推进、任务达成和课堂生成之间的矛盾。课堂活动能确保学生的主体地位，调动学生课堂参与度和积极性、主动性。但是由于学生的逻辑思维能力参差不齐，教师对一些学生的任务达成效果未能关注到位，一些思维较活跃学生的拓展也难以兼顾。

3.课程内容和学生能力之间的矛盾。考虑到学情，为了提高课堂实效性，将本框教学内容与必修一、必修三和本单元内容进行了整合，这是大胆对教材内容重构的表现，同时也提高了本节课的政治站位，将国家安全与必修模块中的制度、国家相关内容和《习近平新时代中国特色社会主义思想（学生读本）》相结合，将本节课的内容融入我国国家安全体系中和中国社会治理的智慧中，课程的难度有所提升，一部分同学难以掌握。

如果重新进行本课教学，我将尝试分层教学。本节课的重点内容为"国家安全，人人有责"。针对基础较好的同学，令其将从必修二模块的角度出发，思考维护国家的经济安全、科技安全等，从必修四模块的角度出发，思考维护国家文化安全。多角度整合学科资源开展议学活动，以提升本节课内容与前后知识点之间的关联性，帮助学生更好地构建学科知识体系。对于基础较差的同学，将省去最后一个议题"国家安全我倡议"，着重带领基础较差的同学完成本节课的内容即可，至于整体的知识体系建构可以等到这些基础较差的同学夯实基础后再进行思维的拓展训练。

总之，我们的教育不能只为了教而教。在教育教学的征程上我还需要不断地摸索和探寻，不断地总结经验，检查自身的不足，用一生去上好思政课。

坚持总体国家安全观

本溪市第一中学　姜雅菲

一、课程基本信息

主讲课程：思想政治

使用教材版本：人民出版社、人民教育出版社（2021版）

教材章节出处：《习近平新时代中国特色社会主义思想学生读本（高中）》第七讲《安邦定国：民族复兴的坚强保障》

二、教学设计概述

（一）理论依据

本课作为高中政治课教材的特色组成部分，首先在高中教材的"引子"部分——《习近平新时代中国特色社会主义思想学生读本》中出现，对于整个高中政治知识的学习具有抛砖引玉的作用。纵观高中教材体系，"总体国家安全观"这一部分知识后续在高中政治必修教材的多个章节都有渗透，主要有6处：必修一第四课第三框、必修二第一课第二框、必修三第四课第二框、必修四第九课、选择性必修一第一单元"综合探究"。

根据2020年新修订的《普通高中课程方案》以及国家安全观在教材中出现频次可知贯彻国家安全观、进行国家安全教育非常必要。国家安全观的知识横贯五本必修教材，渗透在经济、政治、文化、国际关系等多个层次，具有高度的学科内部知识融合性，是非常好的家国情怀教育素材，对于提高学生的理性认知、思想境界及实践本领具有很好的奠基作用；而且从该知识体系在教材中的穿插渗透的角度来看，非常适合贯彻大单元教学理念。

（二）设计特色（受众群体多元化——老师和学生）

基于以上的教材知识分布，借着校内党课和"送教进疆"的契机，以大思政课堂为依托，本课将高中政治教材关于"总体国家安全观"的知识进行了大整合，贯彻了"大单元教学"的理念，以"议题式"教学为依托，关注了不同授课对象的特点，进行了教学设计。本篇教学设计是专门为新疆塔城地区托里县第二高中的高二学生设计的教案。

（三）设计思路

本课教学坚持问题导向，贯彻"总—分—总"的逻辑思维过程，遵循"实践—理论—实践"的认识规律，紧紧贴近学生生活和实际设疑激趣，充分发挥学生的主体作用，使学生在亲身经历和实践体验中理解知识、提升觉悟、最终付诸实践，力求将爱国情、报国行有效链接在一起，培养学生的家国情怀和责任担当。

本课以情境探究式问题"你觉得你现在安全吗"导入新课，第一时间抓住学生的思维，让学生自觉运用马克思主义辩证法的思维一分为二地去思考：我到底安全不安全？并且举例说明自己是否安全。老师托住学生的回答，引导学生了解"生活安全和国家安全不是一个层次的概念，但二者息息相关，唇齿相依"，导入新课；再以发生在新疆的震惊世界的"新疆棉事件"分析视频作为桥梁，进一步让学生探讨国家安全观问题就在身边，不容忽视，切身相关；接着抛出四个议题，逐级深入解决。

本着"专业知识教师讲，通俗道理学生讲"的原则，给学生创造了充分的表达机会，学生融入度高，以期达成更好的教学效果。

三、学情分析

高二学生已经具备一定的安全意识和自我保护本领，对国家安全教育的内容也有一定涉猎；通过对必修一至必修四教材知识的学习，对国家安全观的知识已有初步了解，但尚未形成体系。他们对于耳熟能详的"习近平新时代中国特色社会主义思想"中的总体国家安全观的具体内容缺乏深入理性认识，相关理论知识碎片化，抽象思维能力较弱。同时，受限于学生对时事政治和世界局势的关注程度，学生对国家安全面临的现实威胁和挑战没有充分的认识，对于可能潜伏在身边危害国家安全的行为缺乏分辨能力和防范意识。以上理论和实践上的双重欠缺，为教学设计提供非常充分的切入点。

基于以上，本课充分运用视频、图片、互动、知识竞赛等手段，增强学生对国家安全的理性认识和情感体验，加深对国家安全的重大意义的认识，从而使其严格规范自己的言行，提高自己的本领，立志为维护国家安全付出实际行动。

四、教学目标

（一）价值引领

通过对"国安委"的成立、国家安全观的提出、《国家安全法》的实施、国家安全教育日的设立等知识的了解，对近些年来我国在国家安全领域的重大成就的取得的了解，对身边存在的危害国家安全行为的认知，树立国家安全意识，激发爱国情怀，立志报国，付诸实行。

（二）素养导向

认同习近平新时代中国特色社会主义思想的指导地位，坚定道路自信、理论自信、制度自信、文化自信；形成国家安全观的知识体系，了解国家安全观的形成背景、具体内涵、重大意义、掌握维护国家安全的基本技能；学会用法律维护国家安全；自觉担当起维护国家安全的责任。

（三）能力为重

掌握辨认危害国家安全行为的基本方法，规范自身行为，积极传播保护国家安全的知识。

（四）知识为基

能将本课知识放在高中思政教材的横向联系中去解决实际问题，为高考服务。能将本课知识与国企改革发展的重大国家意义、国家职能的发挥、国家意识形态安全、国际关系和国家利益等相关知识整合，解决实际学科问题。

五、教学重点难点

（一）教学重点

1.是什么：总体国家安全观的核心要义和重大意义。

2.确立依据：作为本课的核心知识，处于课堂知识体系的核心。只有懂得了国家安全观的领域，才能真正全面了解国家安全的具体内容，并以知识为指引去分辨身边的涉及国家安全的问题。因此，讲透听懂国家安全观的核心要义非常重要。

唇齿相依，唇亡齿寒；皮若不存，毛将焉附？讲授国家安全与个人安全、家庭安全之间的重大关联，激发学生从保护自我和身边的人出发，去维护国家安全，进而理解国家安全的重大意义，从而真正为维护国家安全付出实际行动。

（二）教学难点

1.是什么：总体国家安全观的践行要求。

2.确定依据：实践是认识的目的和归宿，学习的目的在于应用。中学生处在人生的"三观"拔节孕穗期，面临的现实环境和互联网环境多元复杂，面对的诱惑太多。同时学生的辨别能力有限，实践能力有限，实践本领不高。让学生通过本课学习，提高辨别能力和实践本领，是本课的最终落脚点。

六、教学设计总体思路

（一）总体思路

针对高二学生的认知特点和探究能力，本课教学坚持问题导向，贯彻"总—分—总"的逻辑思维过程，遵循"实践—理论—实践"的认识规律，紧紧贴近学生生活和实际设疑激趣，充分发挥学生的主体作用，使学生在亲身经历和实践体验中理解知识、提升觉悟、最终付诸实践，力求将"爱国情与报国行"有效链接在一起，培养学生的家国情怀和责任担当。

（二）教学方法

主要采用问题探究法、情境教学法、大单元教学法。

围绕教学主题，设置问题情境，开展议题式探究引导学生自主和合作方式学习，坚持显性教育与隐性教育相结合，实现学科核心素养目标；课上通过知识竞赛，课后通过项目式实践活动，巩固教学成效，发挥学校小课堂与社会大课堂相结合的教育作用。

（三）多媒体应用

希沃白板和PPT之间切换；视频素材应用。

七、教学过程

（一）教学流程设计

环节一：

教师活动：同学们，你觉得你现在安全吗？

学生活动：小组探讨，代表发言。

设计意图：通过设问引导学生思考"我安全吗？"学生会自觉运用马克思主义唯物辩证法的思维方式去一分为二地思考这个议题。如果觉得安全，就会说出幸福的安全的生活体验，引出是党的领导和国家的好政策使得每个家庭每个人幸福安宁，社会和谐，从而让同学们体会今日之美好的来之不易，心存感恩，自觉体会到国家制度的优越性，国富民强、国泰民安的珍贵。如果觉得不安全，同学们也会列举出不安全的因素和威胁所在，从而找到问题所在，意识到强大起来的中国面临着复杂的国际国内环境，国家安全面临的挑战前所未有，国家安全问题从未如此严峻地摆在我们面前。

一正一反的思考和探讨，自然地引出一个结论：个人安全和国家安全不是一个层次的问题，但是二者却息息相关，唇齿相依；自然引出本课的主题。

这一活动通过设疑激趣，激发学生广泛参与，在课堂教学的第一时间抓住了学生的兴趣点，为后续的教学打好了基础，开了好头。

环节二：

教师活动：你觉得我们面临哪些安全挑战？

学生活动：小组探讨，代表发言。

设计意图：通过列举涉及国土安全、经济安全、能源安全等诸多方面的安全威胁，让学生明白国家安全问题不容忽视，必须纳入到国家重大战略思考中，为下一个问题的引入埋下伏笔。

环节三：

教师活动：

1.新疆棉事件涉及哪些国家安全问题？新疆棉事件给我们哪些启发？我们可以采取哪些措施防止类似事件发生？

2.播放"新疆棉事件始末"视频。

学生活动：观看，探讨与思考。

设计意图：让学生带着问题观看短片，增加了观看的针对性。学生通过视频的观看，结合视频内容的分析，会总结出新疆棉事件涉及国家政治安全、国土安全、经济安全、意识形态安全、资源安全、生态安全等诸多领域的安全问题。教师顺势引导：新疆棉事件是单纯的经济问题吗？引导学生分析这一事件带给我们的启发和警示，同时引导学生去思考防止此类事件发生的措施。

这一环节无须给学生更多明确的答案，只要让学生意识到，国家安全面临严峻挑战，看似单纯的经济纠纷，被境外势力操纵、利用和炒作之后，会引发类似蝴蝶效应的连锁安全威胁，一定要警惕随时会发生的国家安全威胁。

环节四：

教师活动：

1.请从地理、历史、政治、经济等角度思考总体国家安全观提出的时代背景。

2.你能用一句话概括中国的基本国情吗？

3.展示专业结论：我国国家安全面临的挑战。

（1）当前，我国正处于由大向强发展的关键时期，西方国家不断加大对我国实施西化、分化的力度，加紧策划"颜色革命"，千方百计进行战略

遏制和围堵。（政治安全）

（2）我国周边领土主权争端、大国地缘竞争、军事安全较量、民族宗教矛盾等问题更加凸显，在家门口生乱生战的可能性增大。（国土安全）

（3）各种敌对势力遥相呼应，暴力恐怖势力、民族分裂势力、宗教极端势力"三股势力"有所抬头，不断向内陆地区滋生蔓延，范围不断扩大。（社会安全）

（4）我国长期形成的外向型经济还没有根本改变，高度依赖国际市场，对外贸易顺差过大，经济摩擦日益增多。（经济安全）

（5）我国资源约束趋紧、环境污染严重、生态系统退化，生态安全状况极不乐观。（生态安全）

（6）我国能源消耗较多，相当一部分需要进口，对外依赖度不断加深，能源安全风险加大。（能源安全）

（7）我国是世界上在建核电机组最多的国家，而且周边几个国家都拥有核技术或核生产能力，核威胁阴云重重。（核安全）

（8）我国是一个网络大国，面临的境外网络攻击和威胁十分严重，已成为黑客攻击的最大受害国。（网络安全）

（9）我国正处于社会转型期、改革攻坚期和矛盾凸显期，群体性事件频发多发，影响着社会稳定和谐。等等。

4.国家安全形势出现的新特点新趋势，要求我们必须坚持总体国家安全观，努力构建集政治安全、国土安全、军事安全、经济安全、文化安全、社会安全、科技安全、信息安全、生态安全、资源安全、核安全等于一体的国家安全体系，以确保整个安全机构能够协调高效运转。

学生活动：在小组内交换意见建议，共同探讨。

设计意图：设置的问题带有明显的提示性，引导学生思考的同时也留有余地，因为学生思考得相对浅显。在提问学生的基础上，教师总结：中国的基本国情可以概括为四句话——中国是尚未完全统一的、人口规模巨大多民族多宗教的、邻国众多海岸线漫长威胁挑战并存的、转型发展多矛盾叠加肩负伟大使命的社会主义大国！

这一结论会让同学们在一个全新视角上去认识当代中国，也会进一步明确，中国的国家安全面临的挑战前所未有。14个陆上邻国和8个海上邻国，几乎都与中国有历史的、政治和经济上的各种复杂关系，尤其海洋和领土纷争由来已久，加上崛起中的中国面临西方国家的压制，境外敌对势力会利用这些矛盾挑唆使坏。因此，邻国关系处理不好就会使中国随时陷入各种纷争，从而影响国内发展的环境，最终导致发展缓慢，甚至社会动荡和政局失控。

环节五：

教师活动：你知道身边有哪些危害国家安全的行为？

学生活动：思考探讨。

设计意图：调动学生主动寻找和发现身边存在的潜在威胁国家安全的因素，培养维护国家安全的意识。

环节六：分享好书

教师活动：

1.《为什么是中国》是著名军事专家金一南教授30年创作生涯集大成之作。从百年沧桑到民族复兴，解读中国道路、书写中国力量、彰显中国自信，完整呈现金一南历史观，回答"为什么是中国"这一历史之问。

团结是胜利的关键与核心、民族精神的力量是无限的、军强才能国安，国强才能民安。

2.《正道沧桑》将中国共产党的历史放在近代以来中华民族"救亡与复兴"的宏大背景下，以战略思维和大历史视野，集中呈现了中国共产党与中国国民党、联共（布）、共产国际、日本军国主义以及美国等力量激烈碰撞的历史，再现了中国共产党人以高度的历史自觉、强烈的使命担当探寻革命道路、挽救民族危亡、保家卫国、复兴中华的伟大征程。

作者通过大量珍贵史料，细致地刻画众多党史、军史、国史重要人物，展现其精神风貌，还原一个个关键细节和重要历史场景，深刻揭示了中国共产党奋斗的力量之源和制胜之道，生动回答了中国共产党"从哪里来，到哪里去"以及"是什么，要干什么"这一根本问题。

本书以鲜活的故事切入，讲史生动，评述犀利深刻，于现象中透视本质，从史料中提炼规律，立体化、通俗化、细节化再现中国共产党的成长史、奋斗史、创新史、胜利史，向读者展示出一条从百年沉沦到民族复兴的沧桑正道。

本书看似写历史，实则面向今天与未来，读来酣畅淋漓、发人深省、令人振奋。

学生活动：聆听及提问。

设计意图："浓缩在纸上的思政课"旨在引导学生利用好校内小课堂和生活大课堂，打开视野，看看大世界，掌握更多的信息，提高辨别是非的能力，提高综合素养，厚植家国情怀。

（二）课堂小结

通过本课的学习，同学们和老师一起在震撼、愤怒、勇气和责任中，懂得了我们伟大祖国这艘大船前行中的风浪，也明白了这艘巨轮乘风破浪的坚强保障：党的领导、先进的国家制度和伟大的中国人民。让我们用专业的知识武装头脑，用高昂的爱国精神激活心灵，用如椽的笔书写美好的明天，提高本领，锤炼武功，立志为中华民族的伟大复兴贡献力量！

（三）板书设计

提出的时代背景

安全观的内涵 ← 坚持总体国家安全观 → 维护国家安全的行动

危害国家安全的行为

（四）作业设计

"4·15全民国家安全教育日"安全知识问答。

（五）参考资料

[1]金一南：《正道沧桑》，人民出版社，2022年。

[2]金一南：《为什么是中国》，北京联合出版有限公司，2020年。

八、教学总结与反思

本课教学设计充分考虑了受众学生的客观情况，包括所在地新疆的地理位置、发展现状、政治环境、国土安全挑战、多民族共同居住学习等现实情况，结合新疆地区已有的良好的爱党爱国教育基础，以新疆当地的真实案例激发学生参与的兴趣；代入感强，自然顺畅地解决了知识理论问题，也通过对真情经历的共情激发了实践责任和爱国担当，课堂效果很好，得到当地师生的一致好评。课堂氛围好，师生配合得默契，各环节衔接紧密。教师很好地完成了教育教学德育素养等任务。

不足之处在于课堂容量稍大，个别部分没有太多时间展开。再就是考虑到新疆多民族一起学习生活的一些敏感话题，有些问题没有深入地展开。这是考虑到学科特征，也充分考虑到政治课的德育教育功能和宣传党的方针政策的时代使命而作出的必然选择。

"送教进疆"的经历难忘，多民族共同学习的经历难忘，少数民族孩子对伟大祖国的热爱和深情同样令我动容！在3800公里以外的大美新疆，有我们辽宁教师留下的美丽足迹，那是我们为民族团结和祖国伟大复兴贡献的绵薄之力，也是我们教育生涯里永远的光点！

祝愿伟大祖国繁荣昌盛，复兴路上，让我们思政人携手向前，并肩作战，共创美好明天！

总体国家安全观的关键是"总体"

辽宁工程技术大学　梁馨化

一、课程基本信息

主讲课程：习近平新时代中国特色社会主义思想概论

使用教材版本：高等教育出版社、人民出版社（2023版）

教材章节出处：《习近平新时代中国特色社会主义思想概论》第十三章《维护和塑造国家安全》第一节《坚持总体国家安全观》

二、教学设计概述

（一）理论依据

国家安全是关乎国家发展稳定和社会长治久安的重大战略问题。习近平总书记指出："实现中华民族伟大复兴的中国梦，保证人民安居乐业，国家安全是头等大事。"面对更为复杂多变的国家安全形势，以习近平同志为核心的党中央创造性提出并发展总体国家安全观，坚持统筹发展和安全，加快构建统筹各领域安全的新安全格局，推进国家安全体系和能力现代化，为强国建设、民族复兴提供坚强安全保障。

（二）设计特色

运用探究式教学，设置学生感兴趣的问题，提升理论素养。运用案例分析法，引导学生打开思路，就一些现实问题展开深层次思考。通过课堂讨论，学生积极参与问题讨论，不断增强维护和塑造国家安全的能力，形成关心国家安全的意识，逐步形成社会责任感和义务感。

三、学情分析

学生在小学阶段初步接触国家安全的相关内容，由于认知水平有限，理解不深；在中学阶段对于国家安全的概念有所理解，初步认识总体国家安全观，部分学生对于总体国家安全观有了更深层次的理解；进入大学阶段理论水平进一步深化。

学生通过对《中国近现代史纲要》《党史》等思政课程的学习，思想政治理论水平有了深层次的提高。同时，大学生能够获取信息的渠道也更加多样，面对复杂多变的国家安全形势，对于国家安全问题关注日益加深；但是对于总体国家安全观的内涵、新时代国家安全得到全面加强的表现等专业性问题缺乏系统的理性认知。通过本章节的学习，学生对总体国家安全观的相关知识，在知识、能力以及情感上有所提升，自觉形成国家安全意识，自觉维护国家安全。

四、教学目标

（一）知识目标

理解保证国家安全的极端重要性，明确国家安全的含义，了解国家安全是民族复兴的根基，社会稳定是国家强盛的前提。全面把握总体国家安全观的丰富内涵，总体国家安全观的关键是"总体"。明确新时代国家安全得到全面加强的具体表现。

（二）能力目标

教师通过图片对比、案例展示等方式，理论结合实际讲解教学内容，提高学生理论思维水平。学生通过思考与讨论的探究学习过程，学会科学探究的方法与辩证思考的能力。

（三）情感目标

以良好的精神状态，饱满的学习热情，规范的行为习惯，严格的纪律投入到课堂学习中；在课堂讨论和问题思考中体验和形成关心国家安全的意识，逐步形成社会责任感和义务感，形成负责任的生活态度和生活习惯、积极承担责任的品质；在图片对比、案例展示的过程中形成理论结合实际的思维方式，自觉形成国家安全意识，自觉维护国家安全；确立建设有中国特色社会主义的理想信念，为自觉地坚持党的基本路线、方针和政策打下扎实的理论基础。

五、教学重点难点

（一）教学重点

1.讲清楚保证国家安全的极端重要性。让学生明确国家安全的内涵，了解国家安全是民族复兴的根基，社会稳定是国家强盛的前提。进入新时代，我国面临更为严峻复杂的国家安全形势，特别是各种威胁和挑战联动效应凸显。

2.讲清楚总体国家安全观的丰富内涵。总体国家安全观的关键是"总体"，强调大安全理念，涵盖诸多领域，而且将随着社会发展不断动态调整；强调科学统筹，统筹外部安全和内部安全、国土安全和国民安全、传统安全和非传统安全、自身安全和共同安全，统筹维护国家安全和塑造国家安全等五对关系；强调贯穿党和国家工作各方面全过程；强调打总体战。

3.讲清楚新时代国家安全得到全面加强。即党对国家安全工作的领导更加有力；国家安全体系和能力建设取得突破性进展；国家主权、安全、发展利益得到全面维护；平安中国建设迈向更高水平；维护国家安全的民心基础更加巩固。

（二）教学难点

1.全面把握总体国家安全观的内涵。

2.总体国家安全观的关键是"总体"。

3.明确新时代国家安全得到全面加强的具体表现。

六、教学设计总体思路

1.通过图片展示、案例分析等翻转教学模式，运用探究式教学，设置学生感兴趣的问题，引导学生打开思路，就一些现实问题展开深层次思考，不断提升理论素养。在教学过程中，图片展示以及案例分析可根据需要交叉使用，在课程导入的过程中，通过组图进行对比，进而设置相关问题，说明国家安全的极端重要性；在新课讲授过程中，以案例教学法为基础，以生动活泼的形式呈现案例，进而设置相关问题，理论结合实际，使学生全面把握总体国家安全观的内涵，明确新时代国家安全得到全面加强的具体表现。

2.让学生以小组为单位进行课堂讨论，培养学生的社会责任感，引导学生积极参与问题讨论，不断增强维护和塑造国家安全的能力，形成关心国家安全的态度，逐步形成社会责任感和义务感。

七、教学过程

（一）教学流程设计

环节一：导入新课

教师活动：

1.展示图片1：参加第一次印尼撤侨的"芝利华"轮，因其白色涂装被亲切地称为"白渡船"。

展示图片2：778名在利比亚中国人员撤侨返京时拍摄的画面。

通过对比两组图片，请同学们谈谈你的感受。

2.图片1和图片2形成了鲜明的对比。如图1所示，当时中国尚没有一艘自营远洋商船，新中国的第一次接侨行动最初只能通过租用香港、东南亚华侨商和苏联的船只开展。如图2所示，2011年最大规模的利比亚撤侨，当时在利侨胞人数达到了4万余人，调动了200架客机，在10天之内就将所有的侨胞都撤回了中国。这个速度，让全世界都为之震惊。

从2011年的利比亚撤侨再到2015年的也门撤侨，这不仅仅彰显着国力的强大，更是我们作为中国人的底气，也是国家安全的展现。

学生活动：对比图片，思考国家安全问题。

设计意图：激发学生兴趣，产生学习兴趣，引出课程内容。

环节二：新课讲授，知识点1：国家安全是民族复兴的根基

教师活动：

1.习近平总书记指出："实现中华民族伟大复兴的中国梦，保证人民安居乐业，国家安全是头等大事。"

2.展示20世纪东欧剧变、苏联解体，21世纪阿富汗战争、伊拉克战争、利比亚战争、俄乌冲突、巴以冲突图片。

3.失去国家安全保障，一切都无从谈起。国是千万家，有国才有家。"利莫大于治，害莫大于乱。"国家安全工作是党治国理政一项十分重要的工作，也是保障国泰民安一项十分重要的工作，国家安全是民族复兴的根基。

学生活动：明确国家安全是关乎国家发展稳定和社会长治久安的重大战略问题，是民族复兴的根基。

教师活动：

1.案例1：仁爱礁历来是中国南沙群岛的一部分。1999年，菲律宾派一艘军舰在仁爱礁非法"坐滩"，企图改变仁爱礁"现状"，中方当即提出严正交涉，要求菲方拖走该军舰。菲方多次承诺将拖走该军舰，但直到今天尚未履行承诺。2023年8月5日，菲律宾不顾中方一再劝阻和警告，派出2艘船只擅自闯入仁爱礁海域，企图向非法"坐滩"军舰运送用于大规模维修加固的建筑物资。中国海警船依法予以拦阻，并采取了警示性执法措施，坚决维护自身领土主权和海洋权益。

案例2：仓廪实，天下安。对于我们这样一个拥有14亿多人口的大国来说，粮食安全这根弦，任何时候都必须绷紧。为把中国饭碗牢牢端在自己手里，我国坚决守住18亿亩耕地红线，累计建成10亿亩高标准农田，粮食生产实现"十九连丰"。2023年，面对不利天气等考验，全国夏粮产量14613万吨（2923亿斤），仍处于较高水平，实现了丰收，为夺取全年粮食丰收创造了有利条件。

粮食安全、国土安全都是国家安全的重要组成部分。国家安全还包含哪些内容？你认为什么是国家安全呢？

2.国家安全是指国家政权、主权、统一和领土完整、人民福祉、经济社会可持续发展和国家其他重大利益相对处于没有危险和不受内外威胁的状态，以及保障持续安全状态的能力。

3.展示中英签订《南京条约》、侵华日军南京大屠杀、英法联军火烧圆明园图片。

4.回顾1840年鸦片战争以来的近代史，鸦片战争后，由于西方列强的入侵和封建统治的腐朽，中国逐渐陷入半殖民地半封建社会的黑暗深渊，国家蒙辱、人民蒙难、文明蒙尘，中华民族遭受了前所未有的劫难。

学生活动：分析案例，掌握粮食安全、国土安全都是国家安全的重要组成部分，明确国家安全的内涵。

教师活动：

1.纵览世界各国发展史，国家的兴盛往往是在国家安全最稳固的时候，国家的衰落往往与安全政策失当密切相关。

2.展示夺取新民主主义革命伟大胜利、完成社会主义革命和推进社会主义建设、进行改革开放和社会主义现代化建设、开创中国特色社会主义新时代图片。

3.中国共产党诞生于国家内忧外患、民族危难之时，对国家安全的重要性有着刻骨铭心的认识。党领导人民进行新民主主义革命，建立了中华人民共和国，新中国成立后，党将保卫新生的人民政权作为国家安全工作的首要任务，战胜了帝国主义、霸权主义的侵略、破坏和武装挑衅，胜利进行农业、工业、国防和科学技术现代化建设，为维护国家主权、安全和发展利益奠定了坚实基础。改革开放以来，党始终把维护国家安全和社会安定作为党和国家的一项基础性工作，成功应对一系列重大风险挑战、克服各种艰难险阻，保持了我国社会大局稳定，为改革开放和社会主义现代化建设营造了良好环境。

学生活动：厘清历史脉络，理解国家安全是民族复兴的根基，社会稳定是国家强盛的前提。

教师活动：

1.请同学们思考：进入新时代，随着综合国力的不断增强，我们是否可以高枕无忧？

2.案例：2019年8月，辽宁大连的海参养殖户张先生向国家安全机关举报了几名"不速之客"。原来，黄某带领数名外籍人员，以"免费安装海水质量监测设备"为名，在张先生的海参养殖场安装了海洋水文监测设备和海空监控摄录设备。此后，张先生逐渐发现，这些设备的数据被源源不断地传输至境外，且很多数据与海参养殖并无关系。张先生感觉情况可疑，便拨打"12339"向国家安全机关进行了举报。经鉴定，这几名境外人员在我国海域非法安装的监测设备，观测范围涉及我国空中军事行动区域，可以对我国非开放海域潮汐、海流等重要敏感数据进行实时监测，对我国海洋权益及军事安全构成严重威胁。根据举报信息，辽宁省国家安全机关对黄某及数名外籍人员依法采取强制措施，并收缴了监测设备。黄某等人如实交代了非法窃取我国海洋水文数据和海空军事影像的违法犯罪事实。

3.由大向强、将强未强之际往往是国家安全的高风险期，社会主义中国越发展壮大，中国式现代化越向前推进拓展，一些敌视中国共产党领导和我国社会主义制度的势力就会越加处心积虑地破坏，我们面临的压力和阻力就会越大，面临的内外风险就越多，维护国家安全和社会稳定的任务就越艰巨。因此，距离实现中华民族伟大复兴的目标越近，我们越不能懈怠，越要准备经受风高浪急甚至惊涛骇浪的重大考验，为党和国家兴旺发达、长治久安提供有力保证。

学生活动：分析案例，明晰进入新时代，我国发展的战略机遇和风险挑战并存，不确定和难预料因素增多，国家安全在党和国家工作全局中的重要性日益凸显。我国面临更为严峻复杂的国家安全形势。

环节三：新课讲授，知识点2：总体国家安全观是新时代国家安全工作的基本遵循

教师活动：

1.案例：2009年8月，彼得·耶斯佩尔·达林（瑞典籍）伙同北京锋锐律师事务所律师王全璋（涉嫌犯罪，已另案处理）等人，在中国建立10余个所谓"法律援助站"，资助和培训无照"律师"、少数访民，利用他们收集我国各类负面情况，加以歪曲、扩大甚至凭空捏造，向境外提供所谓"中国人权报告"。同时，该组织通过被培训的人员，插手社会热点问题和敏感事件，蓄意激化一些原本并不严重的矛盾纠纷，煽动群众对抗政府。2016年1月25日，彼得等犯罪嫌疑人涉嫌资助危害国家安全犯罪活动，被江西省国家安全机关和北京市国家安全机关依法采取刑事强制措施，将其依法驱逐出境，并10年内禁止入境。

请同学们结合上面事例，从不同方面谈一谈总体国家安全观的内涵。

2.总体国家安全观准确把握国家安全形势变化新特点新趋势，运用系统思维将国家安全状态、能力及其过程作为一个有机系统，从战略和全局的高度看待国家各层面、各领域安全问题，统筹运用各方面资源和手段予以综合解决，实现国家安全多方面内容和要求的有机统一。即以人民安全为宗旨；以政治安全为根本；以经济安全为基础；以军事、科技、文化、社会安全为保障；以促进国际安全为依托。

学生活动：分析案例，从不同的领域全方位理解总体国家安全观的深刻内涵。

教师活动：

1.总体国家安全观内涵丰富、思想深邃，是一个系统完整、逻辑严密、相互贯通的科学理论体系。总体国家安全观的关键是"总体"。

请同学们思考：如何体现总体国家安全观中"总体"的含义？

2.强调"大安全"理念，涉及领域众多；强调科学统筹，统筹外部安全和内部安全、国土安全和国民安全、传统安全和非传统安全、自身安全和共同安全，统筹维护国家安全和塑造国家安全等五对关系；强调贯穿党和国家工作各方面全过程；强调打总体战。

学生活动：以小组为单位互动讨论，理解总体国家安全观中"总体"的内涵。

环节四：新课讲授，知识点3：新时代国家安全得到全面加强

教师活动：

1.进入新时代，以习近平同志为核心的党中央坚决贯彻总体国家安全观，新时代国家安全得到全面加强，具体的表现有哪些呢？

2.案例：党中央设立中央国家安全委员会，建立集中统一、高效权威的国家安全领导体制，统筹协调国家安全重大事项和重要工作，例如，围绕资源能源安全，我国全面启动实施新一轮找矿突破战略行动，完善矿产勘查开采管理制度，激发矿业市场活力。2023年上半年，全国固体矿产、油气矿产勘查投入同比分别增长17.2%、7.5%；新设探矿权242个，同比增长25.4%，陆续取得山东莱州金矿、云南昭通磷矿等重大找矿突破。

3.党中央设立中央国家安全委员会，充分发挥对国家安全事务决策、协调的"神经中枢"作用。

学生活动：分析案例，新时代国家安全得到全面加强，党对国家安全工作的领导更加有力。

教师活动：

1.案例：2023年4月，第十四届全国人大常委会第二次会议表决通过了新修订的反间谍法，自2023年7月1日起施行。这是自2014年反间谍法实施以来的一次全面修订。当前，网络成为间谍活动的新空间和主战场之一，"成本小、收益大""无差别、全天候"的特点，使网络间谍行为成为间谍组织对我实施窃密、破坏行动的重要途径。

2.新修订的反间谍法明确了网络间谍的行为方式，为实践中依法识别、防范和惩治网络间谍行为提供法律依据。

学生活动：通过案例了解新时代国家安全得到全面加强，国家安全体系和能力建设取得突破性进展。

教师活动：

1.案例：根据《中华人民共和国出口管制法》《中华人民共和国对外贸易法》《中华人民共和国海关法》有关规定，为维护国家安全和利益，经国务院批准，决定自2023年8月1日起对镓、锗相关物项实施出口管制。镓和锗都是新兴的战略性矿产，在高新技术产业有很广泛的应用。

2.中国政府依法对镓、锗相关物项实施出口管制，确保其用于合法用途，目的是维护国家安全，更好履行国际义务。

学生活动：分析案例，了解新时代国家安全得到全面加强，国家主权、安全、发展利益得到全面维护。

教师活动：

1.案例：在城市的深夜里，我们可以毫无担忧地品尝美味的夜宵，穿越漆黑的夜色也不会感到一丝害怕。孩子可以独自乘坐交通工具回家，无须时刻依赖父母的保护……这些对我们而言再平凡不过的事情，在一些国家却是奢求不到的安全感。中国究竟有多安全？猫途鹰，一个著名的旅游景点点评网站，记录着来自世界各地游客的感受。中国成为他们安心旅行的选择。在这里，外国网友们一致表示，中国的生活令他们感到无比安心，无须过多担忧自身安全。

2.外国人在中国感受到实实在在的安全感，我国成为世界上最有安全感的国家之一，平安已成为我国一张靓丽的国家名片。

学生活动：分析案例，新时代国家安全得到全面加强，平安中国建设迈向更高水平。

教师活动：

1.同学们知道全民国家安全教育日是哪一天吗？

2.每年4月15日为全民国家安全教育日，持续深入开展国家安全教育进机关、进学校、进企业、进乡村、进社区、进军营、进网络活动，加强国家安全公益宣传。人民群众国家安全意识显著增强，共同维护国家安全的舆论氛围更加浓厚，有力夯实了国家安全的社会基础。

学生活动：思考全民国家安全教育日的时间，新时代国家安全得到全面加强，维护国家安全的民心基础更加巩固。

设计意图：启发学生通过图片、案例等多媒体教学辅助；运用探究式教学、课堂讨论等方式让学生掌握理论知识。

（二）课堂小结

"备豫不虞，为国常道。"党的十八大以来，中国共产党人把马克思主义国家安全理论和当代中国安全实践、中华优秀传统战略文化结合起来，顺应时代发展，系统回答了中国特色社会主义进入新时代，如何既解决好大国发展进程中面临的共性安全问题，同时又处理好中华民族伟大复兴关键阶段面临的特殊安全问题这个重大时代课题，创造性提出了总体国家安全观，推动中国特色国家安全理论和实践实现历史性飞跃，为破解我国国家安全面临的难题、推进新时代国家安全工作提供了根本遵循。

（三）板书设计

第十三章　维护和塑造国家安全

第一节　坚持总体国家安全观

一、国家安全是民族复兴的根基

1.国家安全的内涵

2.国家安全是民族复兴的根基，社会稳定是国家强盛的前提

3.进入新时代，我国面临更为严峻复杂的国家安全形势

二、总体国家安全观是新时代国家安全工作的基本遵循

1.总体国家安全观的内涵

2.总体国家安全观的关键是"总体"

三、新时代国家安全得到全面加强

1.党对国家安全工作的领导更加有力

2.国家安全体系和能力建设取得突破性进展

3.国家主权、安全、发展利益得到全面维护

4.平安中国建设迈向更高水平

5.维护国家安全的民心基础更加巩固

（四）作业设计

1.课后思考

（1）如何认识新时代我国国家安全形势的新变化？

（2）如何理解总体国家安全观的丰富内涵？

2.课后实践

为践行总体国家安全观，进一步增强学生国家安全意识。请同学们在课后以班级为单位进行国家安全教育实践活动进乡村、进社区，进一步推动总体国家安全观深深根植青少年心中，增强维护国家安全的责任感和使命感，

使国家安全意识入脑入心。

（五）参考资料

[1]中共中央宣传部、中央国家安全委员会办公室：《总体国家安全观学习纲要》，学习出版社、人民出版社，2022年。

[2]总体国家安全观研究中心：《以新安全格局保障新发展格局》，《人民日报》，2023年6月16日。

八、教学总结与反思

（一）教学总结

此章节内容的讲解注重学生积极主动性的发挥，启发学生通过图片、案例等多媒体教学辅助，运用探究式教学、课堂讨论互动达到学懂、弄通的根本目的。

（二）教学反思

应注重提升学生课前预习的能力，做好课前预习、课中讲解以及课后复习的有效衔接，做好课程内容整体逻辑的梳理。

在思想政治课教学中，要真正发挥学生的主体作用，一个极为关键的问题就是需要教师做好"疑"字文章，也就是要使课堂成为学生"提疑""质疑"和教师"答疑""解疑"有机融合的、互动式的教学，因此在教学设计上需要明确问题导向，优化课堂设计，讲解过程中突出重难点，关注学生学习状况，完善课堂内容，让学生知其然，并知其所以然。

夯实粮食安全根基　共筑国家安全防线

沈阳农业大学　郭安宁

一、课程基本信息

主讲课程：习近平新时代中国特色社会主义思想概论

使用教材版本：高等教育出版社、人民出版社（2023版）

教材章节出处：《习近平新时代中国特色社会主义思想概论》第十三章《维护和塑造国家安全》第二节《构建统筹各领域安全的新安全格局》

二、教学设计概述

（一）设计思路

突出大学学段培养理论思维、增强使命担当的要求，在"维护重点领域国家安全"这一目的下，结合学校以及学生专业特点，突出粮食安全这一领域，增强思政课教学的针对性、有效性。本专题以"为什么—是什么—怎么做"的总体思路进行设计。首先通过对中央一号文件（2004—2024年）连续21年对"三农"的持续关注导入课程，引导学生思考粮食安全为什么在国家安全中如此重要。以中国传统故事"服帛降鲁梁""兵马未动粮草先行"以及视频《斯里兰卡：从国家破产看粮食安全》等古今中外的事例的比对分析，让学生认识粮食安全之于国家安全的重要意义。通过了解国际国内粮食安全现状，让学生既要拥有对我国粮食安全的充分信心，又要建立并保持粮食安全的底线思维。通过情景短剧激励学生投身到国家粮食安全的研究与生产中，发挥自己的才干，将个人命运发展与国家民族需要紧密结合起来。最后让学生在我国粮食安全实践认知基础上深入学习习近平总书记关于国家粮

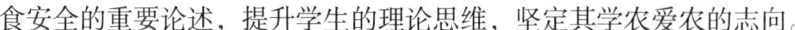

食安全的重要论述，提升学生的理论思维，坚定其学农爱农的志向。

（二）理论依据

1.粮食安全不是单一维度上的范畴，而是一个具有综合意义的范畴，是涉及数量、质量、结构三方面安全的有机统一体。

2.粮食安全关乎人民生存。马克思主义是关于全人类解放的学说，它始终坚守人民立场，致力于实现人的自由全面发展。粮食生产作为生活资料的生产，直接关乎人民生存型需要的满足。

3.粮食安全关乎经济发展。经济因素在社会发展中起到基础性、决定性作用，社会是一个由多因素合力作用的复杂有机体，其中经济因素是归根结底、起决定性作用的。在强调经济发展是社会发展基础的同时，马克思主义又强调粮食安全是经济发展的基础。

4.粮食安全关乎政权稳固。粮食问题不仅是经济问题，更是政治问题，粮食安全能否得到有效保障，直接关乎政权安危。

（三）设计特色

突出大学阶段思政课分众式教学特色。将思政和专业紧密结合起来，秉承因地制宜、因时制宜、因材施教的理念，对接学生的专业特点，根据学生的学科背景、知识结构、思维方式等方面的差异，从教学内容、教学方法、教学手段、教学评价、教师队伍等方面分类实施，大力探索"思政+专业"的分众式教学模式，着力改变思想政治理论课教学中的同质化倾向。

三、学情分析

（一）思想特点

本专题授课对象是农学专业本科二年级大学生。作为"〇〇后"大学生，他们有着鲜明的时代特征，思维比较活跃，敢于表达和尝试，参与意识强。同时"〇〇后"大学生作为网络原住民，具备热爱网络交互的特点，强烈的求知欲和宽广的信息平台使他们成为新事物的热衷者和追随者。

（二）知识储备、能力水平

学生通过先修课程《思想道德与法治》对国家安全奠定了一定的感性认

知，通过《马克思主义基本原理》初步掌握了经济因素在社会发展中所起的基础性、决定性作用，通过《中国近现代史纲要》《毛泽东思想和中国特色社会主义理论体系概论》等课程了解了中国共产党人对于粮食安全与国家安全发展理念的演进历程。同时，通过本课程前置专题内容的学习，学生对于中国式现代化、中国特色社会主义"五位一体"总体布局相关内容已具备了基本认知，这为本专题教学的开展奠定了良好的前期基础。通过前期学习，学生基本具备本专题学习需要的信息收集处理能力、分析解决问题能力、语言文字表达能力、社会实践活动能力等。

（三）所学内容

通过课前任务准备，学生已经初步了解国家对粮食安全的相关政策与理论论述，并结合农学专业助农"科技小院"实践活动积累一定实践经验，为本专题的学习奠定了理论与实践基础。

四、教学目标

1.在课堂教学过程中，通过让学生参与课前准备相关文献资料，课上主题讨论、视频分析对比以及情景剧表演等活动，促进学生对粮食安全与国家安全理论与实践、现状与未来发展等内容的了解和把握，提升学生的信息收集处理能力、分析解决问题能力、语言文字表达能力、社会实践活动能力等；提高学生学习的积极性主动性，增强学生学习的参与感获得感，激发学生学农爱农的责任感使命感。

2.大学阶段重在形成理论思维，让学生通过对国际国内粮食安全现状与发展的分析，着重了解我国粮食安全道路和粮食安全战略，进而更深入地学习把握粮食安全的"饭碗论""底线论""红线论""重点论""产能论"等一系列富有中国特色和时代特色的粮食安全观点，并将学理认知转化为信念，增强对国家发展的使命担当。

3.知识目标聚焦在掌握习近平总书记对粮食安全重要论述的基本理论内容；能力目标聚焦在充分认识粮食安全的重要意义，系统掌握粮食安全理论，按照粮食安全理论判断、分析和处理粮食安全与国家安全相关问题；素

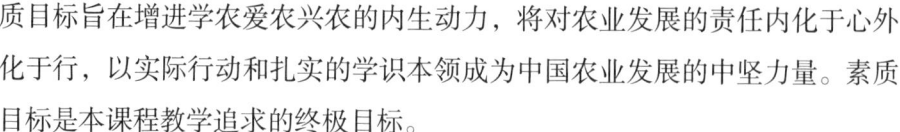

质目标旨在增进学农爱农兴农的内生动力，将对农业发展的责任内化于心外化于行，以实际行动和扎实的学识本领成为中国农业发展的中坚力量。素质目标是本课程教学追求的终极目标。

五、教学重点难点

（一）教学重点

认识夯实粮食安全根基之于国家安全的重大意义。准确把握我国粮食安全现状，并坚定粮食安全信心，同时保持粮食安全底线思维。深入学习领悟习近平总书记关于粮食安全重要论述及其理论上的创新性贡献。

（二）教学难点

1.粮食安全问题是战略问题，不仅要看得深还要看得远。粮食不仅仅是商品，不是有钱就一定能够买到的普通商品，它同时也是金融手段，更是一种战略武器。

2.粮食安全形势处于"长期紧平衡态势"，考验粮食调控政策如何制定。

3.使学生能够把握新时代农业发展脉搏，为实现乡村振兴战略、实现农业强国进而实现社会主义现代化强国催生前进动力、提供精神支柱以及提高精神境界。

六、教学设计总体思路

（一）总体思路

本教学设计从中央一号文件（2004—2024年）连续21年对"三农"的持续关注开始，引导学生认识粮食安全之于国家安全的重要意义，进而了解我国和世界范围内粮食安全现状。通过对国际国内粮食安全现状的了解，使学生既要拥有对我国粮食安全的充分信心，又要保持粮食安全的底线思维，从我国粮食安全实践上认识我国粮食安全之路和国家粮食安全战略。最后，学生深入学习习近平总书记关于国家粮食安全的重要论述，提升理论思维，坚定学农爱农的志向。

（二）教学方法

本教学设计根据教材特点、学生的实际，通过将讲授法、案例教学法、情景教学法和讨论教学法相结合，提高课堂教学感染力，注重知识的完整性、系统性，增强课堂吸引力；通过比较分析方法，帮助学生形成系统的知识体系，实现教学的基本目的；通过启发式教学法，引导学生进行独立思考，发展学生的逻辑思维能力。

（三）信息化手段

本教学设计将"雨课堂"、视频赏析等方式与教学内容以及学生学习方法相结合，最大限度地发挥信息化教学技术的应用，增加学生学习过程的参与度、互动性和积极性。

七、教学过程

（一）教学流程设计

环节一：课程导入——大国"粮"策中央一号文件中"粮食安全"概览（2004—2024）

教师活动：

1.对学生进行分组，每个年份对应一组学生。

2.要求学生提取对应年份中央一号文件中与"粮食"和"粮食安全"相关的内容。

3.在黑板上画出时间轴线，标出年份。

学生活动：

1.根据课前准备，每小组选出一名代表将本小组提炼出来与"粮食"及"粮食安全"相关的关键词在黑板时间轴线对应年份上写出来，呈现"粮食"及"粮食安全"主题词发展时间线。

2.陈述文件中与"粮食安全"相关的主要观点。

设计意图：

1.让学生了解国家对粮食安全的高度重视。

2.让学生明确粮食安全随着国家发展在逐渐变化，体悟其变化的内在逻

辑规律以及发展趋势。

3.通过此环节，让学生能够了解自身所学与国家发展息息相关，以此激发学生学农的责任感和内驱力。

环节二：理论讲授——粮食安全是"国之大者"

教师活动：让学生从中华优秀传统文化中汲取粮食安全对于国家安全重要意义的思想。如《诗经》《周礼》等历史典籍中关于粮食安全在国家安全中的重要地位的思想，汉唐各朝代为保障粮食安全从政治、经济、技术、制度等方面推行的举措等。元代司农司编辑的《农桑辑要》蕴含了"藏粮于技"思想的雏形。

学生活动：讨论"服帛降鲁梁""兵马未动，粮草先行"蕴含的粮食安全以及对国家安全的重大意义，了解在长期的历史发展过程中形成的包括储粮备荒、粮食安全治理、粮食生产与人的文明程度、粮食安全之于国家安全的重要性等在内的粮食安全思想体系。

教师活动：马克思、恩格斯从人类生存和民族发展的高度强调粮食安全的重要性，并从粮食生产、储备和贸易等环节切入，对粮食安全治理作出了深刻剖析。

列宁强调粮食安全对于政权巩固的重要意义，并认识到农民对于确保粮食安全的重要作用。

中国共产党始终秉持马克思主义经典作家的粮食安全观点，传承中华民族源远流长的粮食安全观念，根据不同时期的历史任务和实践需求，对不同时期保障粮食安全进行了艰辛的探索，不断完善我国粮食安全的目标任务和战略部署，实现了人民生活从温饱不足到总体小康、再到全面小康的历史性跨越。

学生活动：观看视频《斯里兰卡：从国家破产看粮食安全》，通过视频内容与我国国情的对比，更加清醒地认识到粮食安全是"国之大者"。我国作为人口第一大国、粮食生产第一大国，同时也是粮食进口第一大国，依靠自己的力量实现了粮食基本自给，不仅成功解决了世界人口最多国家的吃饭问题，而且居民生活质量和营养水平也得到显著提升。粮食安全是国家安全的重要基础，更是国家富强的保障。全球粮食危机进一步加剧，而我们在粮食安全问题上走出了中国特色粮食安全之路，为中国式现代化行稳致远提供保障和支撑，成为全球安全的稳定性因素。

设计意图：

1.让学生了解粮食安全与能源安全、金融安全并称"三大经济安全"，是国家安全的重要基础。粮食安全是"国之大者"这一论断，充分说明粮食安全是一个国家最基本的生存问题，是一个国家安定兴邦的重要基础。

2.让学生领悟历史典故中关于粮食安全的悠久历史，明确粮食安全的治国理政思想在中国几千年的历史长河中源远流长，一脉相承，早已融入民族文化基因，从而加深学生对中华优秀传统文化的自信。

3.通过对比视频内容与我国粮食安全的状况，让学生更加清醒地认识到粮食安全对于国家安全的重要意义，特别要认识到我国实现粮食安全的超大难度，从而激发并坚定学生学农爱农助农的热情与信念。

环节三：用事实说话——中国粮食安全有底气

教师活动：

1.用数据展示我国粮食生产能力的提升。

2.用政策展示我国粮食安全的制度体系保障。

3.用理论展示我国新粮食安全观和国家粮食安全战略。

学生活动：

1.了解查阅《中国的粮食安全》白皮书。

2.制作一个周期为一星期的健康营养食谱。

设计意图：

1.让学生通过《中国的粮食安全》白皮书上面的数字，了解我们国家在粮食安全方面取得的成就，增强学生对中国特色粮食安全道路的自信。

2.让学生通过健康营养食谱的制作，从个人微观层面体会粮食安全带给人民的安全感、幸福感和获得感。

3.让学生从理论层面了解国家在粮食安全方面总结的正确道路以及理论升华的系列成果。

环节四：居安思危——坚持粮食安全底线思维

教师活动：

1.世界粮食安全形势异常严峻。列举影响因素：战争、疫情、自然灾害、政策封锁阻断等。

2.分析制约我国粮食安全的问题，主要集中在三个问题："在哪种？""种什么？""谁来种？"

学生活动：

1.通过联合国粮农组织、世界粮食计划署、《2023年全球粮食危机报告》等渠道，统计整理归纳世界粮食安全现状。

2.选一个问题，结合自己的专业，展开小组讨论，分析问题原因，探索解决路径。

设计意图：

1.让学生从全球视野看粮食安全，了解世界粮食安全形势存在的危机，增加学生对粮食安全的总体认知。

2.让学生认识到，虽然我们取得了粮食安全的巨大成就，但从中长期发展来看，我国粮食供求仍将处于紧平衡态势，面对日益严峻的国际国内形势，还存在一些风险压力不容忽视，要有底线思维。

环节五：实践出真知——走出一条中国特色粮食安全道路

教师活动：解决中国粮食安全现存问题，需要藏粮于"意"、藏粮于"地"、藏粮于"技"、藏粮于"力"。

学生活动：

1.课堂网上小测验：通过"雨课堂"在线回答制作历年世界粮食日、全国粮食安全宣传周系列活动问卷，了解粮食安全知识，增强粮食安全意识。

2."梦想成真"课堂表演：穿越时空偶遇稻田里的袁隆平院士，返回现实追随近在咫尺的陈温福院士。

设计意图：

1.让学生在上一环节讨论之后，继续对粮食安全问题解决路径的思考，从增强粮食安全意识、保护耕地红线、发展农业科技、培育农业生产和研究人才等方面不断探索。

2.通过课堂网络互动环节，增强学生对粮食安全相关常识与发展主题的了解，掌握粮食安全发展脉搏。

3.通过课堂表演，让学生们能够了解袁隆平院士为解决我国和世界粮食增产作出的巨大贡献，也希望学生们能够珍惜现在的学习时光，师从我们农业大学自己培育出的陈温福院士，投身到国家粮食安全的研究与生产中，发挥自己的才干，将个人命运发展与国家民族需要紧密结合起来。

环节六：实践的理论升华——关于国家粮食安全重要论述

教师活动：

1.理论讲授：

（1）粮食安全地位论："国之大者""头等大事""永恒课题"。

（2）粮食安全形势论："长期紧平衡态势"。

（3）粮食安全目标论："中国饭碗装中国粮食""树立大食物观"。

（4）粮食安全方法论："藏粮于地、藏粮于技""种业振兴"。

2."种质资源"是农业的创新"芯片"。例如中国主持的"为非洲和亚洲资源贫瘠地区培育绿色超级稻"项目；多年生水稻品种，只需栽种一次，从第二季起无须犁田耙地、买种播种、育秧插秧，只要田间管理得当，即可"割完一茬又一茬"。

育成优良的种子，有赖于农作物丰富的种质资源库，需要农业科技人才的不断创新。

学生活动：理解教师讲授的理论知识。

设计意图：

1.增强学生对新时代粮食安全工作理论与实践创新的认知，使其深刻认识粮食安全对于国家安全的重要基础作用，理解粮食安全是一个永恒的课题。

2.让学生认识到在乡村振兴战略引领下，我国大力推进农业强国建设，利好政策不断推出，施展才华的舞台更为广阔。

3.引导更多大学生走向农村、投身农业，在推进农业农村现代化、促进

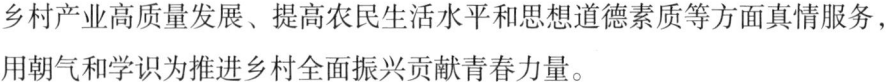

乡村产业高质量发展、提高农民生活水平和思想道德素质等方面真情服务，用朝气和学识为推进乡村全面振兴贡献青春力量。

（二）课堂小结

粮食安全一头连着经济社会发展，一头连着千家万户，是实现国家安全、社会稳定、经济发展的"压舱石"。总结习近平总书记关于粮食安全问题的重要论述，"饭碗论""底线论""红线论""重点论""产能论"等一系列富有中国特色和时代特色的粮食安全观点，形象而鲜明地强调了新时代粮食安全的重要性和紧迫感，提出了维护粮食安全的新思路和新举措，这是习近平总书记对当前中国国情和世界形势的深刻洞悉，是对粮食安全规律的深刻把握，极大地推动了新时代我国粮食安全工作的理论创新与实践创新，为我国粮食安全工作赢得了主动权，为解决世界粮食安全问题提供了中国方案。统筹协调传统安全与非传统安全的关系，既要考虑粮食在生产、流通、供应等方面面临的传统安全问题，又要兼顾国际上粮食能源属性、金融属性增强以及地缘政治变化等非传统安全问题。也希望我们沈农学子能够把握新时代农业发展脉搏，为实现乡村振兴战略、实现社会主义现代化强国做出我们应有的贡献。

（三）板书设计

大国"粮"策：2004—2024（粮食安全）

一、意义重大——粮食安全是"国之大者"

二、用事实说话——中国粮食安全有底气

三、居安思危——坚持粮食安全底线思维

四、实践出真知——走出一条中国特色粮食安全道路

五、理论升华——关于国家粮食安全重要论述

（四）作业设计

1.理论作业：结合课堂所学内容谈谈如何理解粮食安全是"国之大者"？

2.实践作业：

（1）联系本专业的教师，在建设农业强国背景之下从专业角度出发，结合"科技小院"助农需要，设计适合解决粮食安全相关问题的自主学习计划。

（2）请同学们以"以粮食安全为己任"为题，用视频、短剧等形式，探寻沈阳农业大学的老师和学生在粮食安全上做出的努力和成绩。

（五）参考资料

[1]中共中央党史和文献研究院：《习近平关于国家粮食安全论述摘编》，中央文献出版社，2023年。

[2]习近平：《习近平著作选读.第一卷》，人民出版社，2023年。

[3]《中共中央关于党的百年奋斗重大成就和历史经验的决议》，人民出版社，2021年。

[4]中共中央宣传部、中央国家安全委员会办公室：《总体国家安全观学习纲要》，学习出版社、人民出版社，2022年。

八、教学总结与反思

本专题主要结合学校及专业特色，将国家安全的重点领域之一粮食安全作为一个专题进行教学。专题内容的关键在于教师在教学过程中要注意讲清楚粮食安全对于国家安全的重要地位和重大意义，以及我国粮食安全道路和粮食安全的理论论述。让学生从感性层面认识到粮食安全的重要性，还要从理论层面掌握我国粮食安全的基本指导思想和理论论述。要让学生能够明确作为农业院校的学生，在自己专业领域的学习和研究过程中，能够为国家粮食安全作出贡献，能够为国家安全作出贡献。这个过程是将个人价值与国家民族发展紧密相连的，能够激发起学生攻坚克难的研究热情与使命担当。

建设巩固国防和强大人民军队的多重思考

沈阳师范大学　付　瑶

一、课程基本信息

　　主讲课程：习近平新时代中国特色社会主义思想概论

　　使用教材版本：高等教育出版社、人民出版社（2023版）

　　教材章节出处：《习近平新时代中国特色社会主义思想概论》第十四章《建设巩固国防和强大人民军队》

二、教学设计概述

（一）设计思路

　　通过对习近平强军思想的深入分析，以及对学生关注的深化国防和军队改革等问题的回答，提升学生运用马克思主义军事思想分析国防和军队建设相关问题的能力，确立其对习近平强军思想的理论与行动自觉。采用启发引导、视频教学等多种教学方法，以强军和强国的关系问题为重点，将习近平强军思想的内容贯穿于整个教学过程中，通过视频教学激发学生的情感共鸣，使学生所学知识不仅入脑更要入心。

（二）理论依据

　　党的十八大以来，以习近平同志为核心的党中央深刻把握强国对强军的战略需求，围绕新时代建设一支什么样的强大人民军队、怎样建设强大人民军队，深入进行理论探索，形成习近平强军思想并不断丰富和发展。习近平强军思想明确了新时代国防和军队建设一系列根本性方向性的重大问题，是习近平新时代中国特色社会主义思想的"军事篇"，是马克思主义军事理论中国化时代化的新飞跃，是党的军事指导理论的重大突破、重大创新和重大发展。正是在习近平强军思想引领下，人民军队在中国特色强军之路上迈出了坚实步伐，实现政治生态重塑、组织形态重塑、力量体系重塑、作风形象重塑，实现体制一新、结构一新、格局一新、面貌一新，中国特色强军之路越走越宽广，国防军队建设进入新时代。

（三）设计特色

主要表现在两个方面：一是坚持以学生为中心。在不改变教材关于党的十八大以来习近平总书记关于国防和军队建设重要论述的基础上，注重关照并回应现实问题，结合学生关注的问题进行讲解，深化学生对习近平强军思想的理解和掌握。二是注重实践创新。每一部分的讲解都紧密结合中国历史、国际形势、强军实践等内容，引导学生从新鲜的视角学习新知识，在自主探究中获得自信并掌握知识点，给学生充分的思考空间。

三、学情分析

《习近平新时代中国特色社会主义思想概论》课作为一门公共必修课程，授课对象是全校各专业大二年级的学生。通过学情调查了解到学生主要有以下几个特点：知识储备方面，有一定的理论基础，但知识深度、广度不够，且各专业间学生有较大的差异性；能力素养方面，学习热情处于整个大学阶段的全盛时期，但学习能力还有待进一步提高；思想态度方面，随着社会活动的日益增多思想容易发生波动，从而导致学习动力带有一定的不稳定性。

四、教学目标

（一）知识与技能目标

了解建设同我国国际地位相称、同国家安全和发展利益相适应的巩固国防和强大人民军队具有重大意义；理解当前和今后一个时期如何深入贯彻习近平强军思想，并不断开创国防和军队现代化建设新局面；掌握党在新时代的强军目标是建设一支听党指挥、能打胜仗、作风优良的人民军队，把人民

军队建设成为世界一流军队。

（二）过程与方法目标

在课堂演讲、播放视频、案例分析、小组合作讨论、线上线下混合式教学等活动中，运用马克思主义军事思想分析国防和军队建设相关问题、辩证看待强国与强军的关系问题，确立对习近平强军思想的理论与行动自觉。

（三）情感态度与价值观目标

着眼时代发展要求和自身价值追求，深刻领悟习近平强军思想饱含对强国复兴的执着追求、对中国人民的深情大爱、对人民军队的期望重托，自觉拥军和参与国防建设，树立忧患意识和保家卫国的坚定信念，进而为全面建设社会主义现代化国家贡献青春力量。

五、教学重点难点

（一）教学重点

在教学过程中始终坚持问题导向，有针对性地结合中国遇到的种种新挑战，着眼实现中华民族伟大复兴这个国家和民族最高利益，讲解清楚习近平强军思想的主要内容及其对国防和军队建设具有的重要指导意义。

（二）教学难点

坚持政治性和学理性的统一，从学理层面，厘清党中央为强军兴军作出的新的战略筹划和全面布局，着力建构"为什么要建设巩固国防和强大人民军队——怎样建设巩固国防和强大人民军队"的理论教学逻辑框架。

六、教学设计总体思路

通过让学生直面国际、国内和人民军队现实问题，了解建设同我国国际地位相称、同国家安全和发展利益相适应的巩固国防和强大人民军队，是新时代党和国家事业发展的必然要求。教学过程中要注重观照现实，回答学生关注的问题，深化学生对习近平强军思想的理解和掌握，使学生明确党的十八大以来，人民军队取得的一切变革和成就，最根本的就在于有习近平强军思想的科学指引。采用课堂讲授、案例教学、视频教学等多种方式，点面结合，既要讲清楚理论难点，又要具体分析深化国防和军队改革等实际问题。

七、教学过程

（一）教学流程设计

环节一：课程导入

学生活动：观看视频《庆祝中华人民共和国成立70周年阅兵式》。

教师活动：

1.观看视频后的感受是什么？

2.最近几年规模较大的阅兵还有纪念中国人民解放军建军90周年朱日和沙场阅兵、纪念抗日战争胜利70周年大阅兵等。为什么要在国家的重大节日、重要纪念日举行盛大的阅兵活动呢？

3.人民军队以改革重塑后的全新面貌接受检阅，彰显了维护核心、听从指挥的坚定决心，展示了履行新时代使命任务的强大实力。军队建设的成就离不开习近平强军思想的指导，习近平强军思想奠基于党在长期革命和建设实践中的理论创造和工作经验，同时又结合时代需求进行了创新发展，有力推进了我国国防和军队现代化建设历史进程。

设计意图：通过观看视频并结合教师设问引发学生深入思考。

环节二：教学内容展开，知识点1：为什么要建设巩固国防和强大人民军队

教师活动：世界百年未有之大变局加速演进体现在哪些方面？

学生活动：根据预设问题，课前查找资料，课上小组汇报。

教师活动：

1.经济全球化进程出现波折、国际战略格局深度调整、全球治理体系变革加速推进、发展道路和发展模式的竞争更加激烈。

2.如何理解我国发展"由大向强"？

3.典型案例1：中国经济总量与世界主要国家对比。典型案例2：中国日益走近世界舞台中央。

4.我国"由大向强、将强未强"的高风险期特征：

某些西方大国不甘心让中国"赢得21世纪"	经济压制
	高科技封锁
	疫情溯源
	印太战略
我国周边热点地区局势充满变数	"三股势力"威胁边境地区安全稳定
	海上安全环境更趋复杂
	陆上部分边境地区可能爆发冲突

学生活动：

1.根据分析得出结论：今天，我们比历史上任何时期都更接近中华民族伟大复兴的目标，比历史上任何时期都更需要建设一支强大的人民军队。

2.观看视频《习近平在广东考察》。

3.讨论强军梦和中国梦两者之间的关系到底是什么？同学们按照课前的分组以小组为单位进行讨论，并讲述讨论结果，厘清强军梦与中国梦的关系。

教师活动：

1.首先，国防和军队建设为实现中国梦提供重要战略支撑。

2.近代以来，中华民族遭受了前所未有的劫难。中国近代的失败并非由于GDP不如西方。数据实证（板书）：1860年中国和英法两国GDP比较，1890年中国和日本GDP比较。失败的最直接原因是什么？

学生活动：根据分析得出结论：失败最直接的原因就是国家缺乏将经济实力转化为军事实力的能力。只有实现富国与强军的统一，才是国家的强盛之道。

教师活动：

1.其次，国防和军队建设为实现中国梦提供坚强安全保障。

2.讲授何谓"修昔底德陷阱"。

3.展示《中国周边安全形势图》。

4.结合图片分析：从"V形热点线"可以看出，我国的安全环境还存在着"重大危险"。

学生活动：观看视频《建军90周年朱日和沙场阅兵》。

教师活动：

1.面对强国进程中这些无法回避的风险和安全挑战，习近平总书记在建军90周年朱日和沙场阅兵讲话时明确了新形势下国防和军队建设的目标定位。

再次，国防和军队建设为实现中国梦提供强大发展推力。

2.国防是不是一种纯粹的经济消耗？

学生活动：分组讨论，小组合作学习，学生团队参讲。

教师活动：

1.展示图片《第一台计算机的研制》《北斗卫星导航系统》。

2.今天的中国正处在全面深化改革攻坚阶段，这就对强军提出新的时代要求。

世界新军事革命加速发展，军事技术和战争形态发生革命性变化，军事竞争战略主动权的争夺更加激烈，各主要国家纷纷加快军事变革。

3.什么是"智能化"战争？展示案例：纳卡军事冲突。

学生活动：观看视频《强军之路（上）》

教师活动：引导学生对比分析表格内容。

现代战争特点	我军差距
1. 制信息权是战场争夺的核心	1. 机械化建设任务尚未完成
2. 一体化联合作战是基本作战形式	2. 信息化水平亟待提高 3. 军事安全面临技术突袭和技术代差被拉大风险
3. 运用精锐力量实施精确作战	4. 军队现代化水平与世界先进军事水平相比差距还很大

学生活动：根据分析得出结论：回答好"胜战之问"，需要一支强大人民军队。

设计意图：通过让学生直面国际、国内和我军现实问题，了解建设同我国国际地位相称、同国家安全和发展利益相适应的巩固国防和强大人民军队，是新时代党和国家事业发展的必然要求。

环节三：教学内容展开，知识点2：怎样建设巩固国防和强大人民军队

教师活动：确立强军目标的意义是什么？

学生活动：根据预设问题，课前查找资料，课上小组汇报。

教师活动：

1.习近平总书记上任伊始，就提出了建设一支"听党指挥、能打胜仗、作风优良"的人民军队的强军目标，强军目标是习近平强军思想的核心。

2.听党指挥是灵魂

直接领导：直接指挥

全面领导：政治领导、思想领导、组织领导等

全过程领导：贯穿于各项任务

各个领域领导：军事、政治、后勤、装备建设等

党对军队的绝对领导，为何强调"绝对"二字？

3.能打胜仗是核心

军事上的落后一旦形成，对国家安全的影响将是致命的。1894年甲午中日战争，北洋水师全军覆灭，清政府被迫签订丧权辱国的《马关条约》。

学生活动：根据教师分析得出结论：人民军队历经硝烟战火，一路披荆斩棘，付出巨大牺牲，取得一个又一个辉煌胜利，为党和人民建立了伟大的历史功勋。

教师活动：

1.作风优良是保证

2.分析案例"人民的苹果"。

学生活动：

1.根据教师分析得出结论：人民军队在党的旗帜下前进，培育了特有的光荣传统和优良作风。

2.观看图文资料：井冈山精神、长征精神、抗美援朝精神。

教师活动：

1.引导学生根据资料分析人民军队为党的伟大精神的形成作出突出贡献。

2.政治建军——立军之本。

学生活动：观看视频《全军政治工作会议确立了新时代政治建军方略》。

教师活动：

1.结合图片分析案例——用习近平强军思想武装官兵。图片内容：武警海南总队机动支队组织政治教员带领官兵深刻领会党的二十大精神。

2.改革强军——必由之路。

学生活动：观看视频《将改革进行到底》后谈感悟。

教师活动：

1.图片分析案例——火箭军成立开启中国战略导弹部队新的伟大征程。图片内容：2015年12月31日第二炮兵更名为火箭军。

2.科技强军——核心战斗力。

3.结合图片讲授现代战争的特点：数量规模—创新驱动；创新驱动—科技创新是核心；科学技术—核心战斗力。

4.人才强军——强军之道。

5.分析案例——全面贯彻新时代军事教育方针。全面实施人才强军战略，全面深化军事院校改革创新，把培养人才摆在更加突出的位置，培养德才兼备的高素质、专业化新型军事人才。

6.依法治军——强军之基。

7.如何实现依法治军？

学生活动：分组讨论，团队参讲推动实现"三个根本性转变"。

单纯依靠行政命令		依法行政
单纯靠习惯和经验	根本性转变	依靠法规和制度
突击式、运动式抓工作		按条令条例办事

教师活动：

1.展示习近平主席领导推进新时代军事训练纪实图片。

2.为何如此重视军事训练？

3.2014年5月20日至7月28日，来自七大军区的7个旅扮演的"红军"，在朱日和训练基地，分别与我军第一支专业化"蓝军"——北京军区某机步旅自主对抗，结果6败1胜。

4.战争与和平辩证法：能战方能止战，准备打才可能不必打，越不能打越可能挨打。

5.为什么要构建一体化国家战略体系和能力？

6.军民融合发展是兴国之举、强军之策。

7.展示图片：①全军首个军民融合可再生能源局域网国家示范项目成功。②我国首款水陆两栖无人快艇——"海蜥蜴"交付使用。

8.怎样构建一体化国家战略体系和能力？

学生活动：建设强大稳固的现代边海空防、加强国防科技工业能力建设、深化全民国防教育等。

教师活动：关键是要在一体化上下功夫，实现国家战略能力最大化；统筹全局，突出重点，以重点突破带动整体推进；必须向改革创新要动力。

设计意图：从四个方面回答在新的历史条件下，党领导建立和发展的具有光荣传统的人民军队和如何谱写强军事业新篇章的重大时代课题。

环节四：巩固练习

教师活动：

1.【单选题】党在新时代的强军目标是（   ）。

A.建设一支听党指挥、能打胜仗、作风优良的人民军队

B.实现国防和军队现代化

C.提高军队作战能力

D.使中国特色强军之路的战略布局更加科学完备

2.【判断题】世界新军事革命加速发展，军事技术和战争形态发生革命性变化，战争形态加速向机械化演变，军事竞争战略主动权的争夺更加激

烈。（　　）

学生活动：回答问题。

设计意图：及时进行知识反馈，加强学生的理解和记忆，提高学生分析问题和解决问题的能力。

（二）课堂小结

习近平强军思想是习近平新时代中国特色社会主义思想的重要组成部分，是我们党不懈探索中国特色强军之路形成的宝贵思想结晶。习近平强军思想本质上就是新时代党的军事思想，开拓了当代中国马克思主义军事理论和军事实践发展新境界。学习领会贯彻党的二十大精神，要把思想和行动统一到习近平主席和中央军委的战略部署和决策要求上来，为全面建成世界一流军队而奋斗。

（三）板书设计

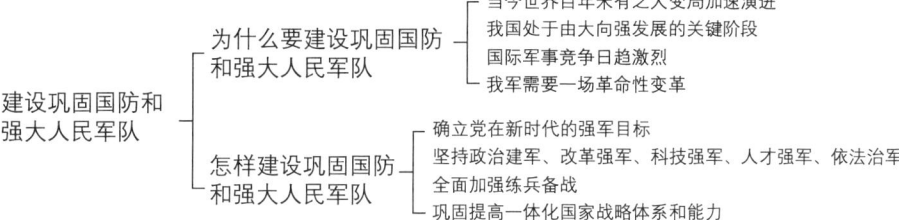

（四）作业设计

谈谈你对"能战方能止战，准备打才可能不必打，越不能打越可能挨打"这一论断的认识。

（五）参考资料

[1]习近平：《高举中国特色社会主义伟大旗帜　为全面建设社会主义现代化国家而团结奋斗——在中国共产党第二十次全国代表大会上的报告》，人民出版社，2022年。

[2]中共中央宣传部：《习近平新时代中国特色社会主义思想学习纲要》，学习出版社、人民出版社，2023年。

[3]《习近平在中共中央政治局第三十二次集体学习时强调坚定决心意志埋头苦干实干确保如期实现建军一百年奋斗目标》，《人民日报》，2021

年8月1日。

八、教学总结与反思

教学内容完成情况：通过本节课的学习，学生能够深刻认识习近平强军思想关于新时代国防和军队建设一系列根本性方向性的重大问题，在分析问题的过程中深入理解建设巩固国防和强大人民军队的重大意义。

成功之处：学生课前预习状况较好，学生以小组为单位在课前共同查阅资料，课上由一名小组成员代表发言，既提高了学生的分析问题和解决问题能力，也提高了学生的语言表达能力，从而把抽象的理论加以理解和掌握。

不足之处和改进措施：教学环节的安排过于紧凑，给学生预留的思考和讨论时间不够充分，影响学生对教学内容的理解。今后在进行教学设计时，要进一步突出教学重点和难点，并以学生对知识的理解能力为依据。

总体国家安全观的战略擘画

沈阳药科大学　徐　爽

一、课程基本信息

主讲课程：习近平新时代中国特色社会主义思想概论

使用教材版本：高等教育出版社、人民出版社（2023版）

教材章节出处：《习近平新时代中国特色社会主义思想概论》第十三章《维护和塑造国家安全》第一节《坚持总体国家安全观》

二、教学设计概述

本讲内容围绕高等教育思想政治理论必修课《习近平新时代中国特色社会主义思想概论》中第十三章《维护和塑造国家安全》第一节《坚持总体国家安全观》的内容进行教学设计。本教学设计以议题式教学引入教学环节，从共鸣、共情、共识、共行方面引领学生感知到国家安全问题的突出重要性，以大安全观理念引领价值目标，以"是什么—为什么—怎么做"为逻辑结构展开，从"概念厘清"到"辨明重要性"再到内化为"自觉践行"，使学生在充分了解国家安全观所涵盖内容和领域的基础上，充分认识到国家安全和国家、民族的强盛与发展紧密关联，意识到国家安全与每个人都息息相关，从而能够在认知方面树立并坚持总体国家安全观、在实践中积极维护国家利益和安全，增强机遇意识和风险意识，加强国家安全体系和能力建设。

当前，我国已经进入了实现中华民族伟大复兴的关键阶段，发展进程既处于可以大有作为的重要战略机遇期，同时也面临着诸多严峻挑战，要更加有效地应对各种风险和挑战，必须不断开拓国家安全工作新境界，因而近年来国家安全工作在整个国家发展全局中的作用与地位也日益突出。而对于青年学生来说，现阶段维护国家安全的使命和责任日益重大，对于该问题的理论学习任务也就尤为突出和迫切。本讲设计不仅要将基本理论交代清楚，更要使学生能够深入理解坚持总体国家安全观的必要性和重要性，相较于中小学阶段能在认识的层次和水平上有所提升，从而促进学生自觉将坚持总体国家安全观践行于生活中，能够自觉形成国家安全意识，有效防范和抵御生活中触及国家安全领域的风险因素和破坏行为。在教学环节设计中，力图通过结合案例材料、图片情景展现和播放视频等多种方式引导学生来观察和分析问题，通过师生问答、学生小组讨论、自主分析与概括等多种形式来提升学生的思考和概括能力，从而使理论更好地内在转化，真正被理解和吸收，真正实现思想政治理论课的理论知识目标和情感价值目标的相互统一和有机融合。

三、学情分析

高等教育本科阶段的大学生已经在初高中阶段对总体国家安全观有整体的学习和了解，但在学习中往往局限于对于知识和概念的了解，对于总体国家安全观的内涵与重要性缺少深入思考，难以和社会发展中的现实问题进行有机结合，容易形成理论和实践的脱离，容易陷入"国家安全是国家和政府的事、与自己生活比较遥远"的认识误区，在践行和坚持总体国家安全观方面有所欠缺。

同时，大学生在本科阶段思想上相较于中小阶段已更加成熟，思考与分析能力有所提升，对于国家发展、时事政治问题也有了更高的关注度，对国家安全问题有更加浓烈的兴趣，这对于本专题的自主探究学习有所助益。

四、教学目标

（一）知识目标

通过案例资料，能够分析并总结我国国家安全所涉及的方面与领域，了解国家安全的丰富性、宽广性和复杂性，感受到国家安全的无处不在；通过观看图片与视频，能够直观地感受到维护国家安全的重要性，认识到国家安全与国家命运、民族复兴和个人发展之间的紧密关联。

（二）能力目标

在活动环节开展的过程中形成对国家安全政策和安全工作的政策认同，养成国家安全意识、树立国家安全观念，通过危及国家安全的现实案例深化对国家安全工作重要意义和地位的认识，培养对问题的概括和分析能力，提升将理论与实际问题相结合的能力。

（三）价值目标

在理论维度、历史维度和实践维度的结合中，强化对国家安全工作的认同与支持，提升对加强国家安全工作的使命感和责任感，能够自觉践行总体国家安全观，推进国家安全能力现代化，以新安全格局保障中华民族伟大复兴事业的推进与使命的完成。

五、教学重点难点

（一）教学重点

1.深刻领会维护和塑造国家安全的极端重要性。认识到国家安全是国家生存发展的基本前提，维护国家安全关系到国家命运兴衰、关系到民族复兴大计、关系到人民的幸福与安宁。

2.了解总体国家安全观的丰富内涵。总体国家安全观的关键是"总体"，强调大安全理念，涵盖诸多领域，而且将随着社会发展不断动态调整。

（二）教学难点

1.深刻理解坚持总体国家安全观的重要性。

2.增强国家安全意识，自觉维护国家安全。

六、教学设计总体思路

本课程设计首先以什么是国家安全导入，以材料解读和观看视频的方式来直观感受国家安全的含义、国家安全包括哪些方面内容。

然后在解读案例材料的过程中，注重理论逻辑和理论深度的拓展，以中外对比、历史反思、数据分析等不同维度进行问题探究，深入分析为什么要坚持总体国家安全观？从民族命运兴衰、国家发展大计、人民利益福祉三个方面引导学生进行总结和概括。

最后，围绕实践层面将理论与实际有机关联，结合实践思考为什么说国家安全与你我息息相关，生活中又应该如何践行总体国家安全观，以具有强烈现实针对性的案例材料和视频引导学生意识到国家安全无处不在，每个人都是国家安全工作的参与者和践行者，要真正树立总体国家安全观，共筑国家安全的社会基础。

七、教学过程

（一）教学流程设计

环节一：同频共振、引发共鸣——了解国家安全（概念厘清）

教师活动：

1.什么是国家安全？国家安全包括哪些方面和领域的内容？

2.案例材料展示与分析

材料1：2023年8月菲律宾船只擅闯仁爱礁海域，中国海警船依法予以拦阻。

材料2：仓廪实，天下安。为把中国饭碗牢牢端在自己手里，我国坚决守住18亿亩耕地红线，累计建成10亿亩高标准农田，粮食生产实现"十九连丰"。

材料3：近年来流行病、疫情的暴发与生物安全法的颁布。

3.当前和今后一个时期，我国进入矛盾和风险的易发期，各种传统安全和非传统安全问题日益凸显。上述材料中所体现的国土安全、粮食安全、生物安全都是国家安全的重要组成部分。而在这众多安全问题的背后，也体现出国家安全就是一个国家处于没有危险的客观状态，既没有外部的威胁和侵害又没有内部的混乱和疾患的客观状态；是指国家政权、主权、统一和领土完整、人民福祉、经济社会可持续发展和国家其他重大利益相对处于没有危险和不受内外威胁的状态，以及保障持续安全状态的能力。

学生活动：阅读三个材料后，分析这三则材料分别体现了我国国家安全的哪个方面和领域。

材料1：中方及时采取了警示性执法措施，坚决维护自身领土主权和海洋权益，维护了我国的国土安全。

材料2：对于我们这样一个拥有14亿多人口的大国来说，粮食安全这根弦，任何时候都必须绷紧，体现了粮食安全。

材料3：生物安全问题已经成为国家生存和发展面临的重大威胁，体现了近年来才被纳入到国家安全体系的生物安全。

通过上面材料的介绍可以感受到国家安全是保证一个国家稳定发展的基础，既有内部和外部安全，又有覆盖各个领域的安全问题，有着广泛且丰富的含义。

教师活动：

1.播放视频《14亿的你和我，都是参与者》。除了上述三个方面内容以外，视频中还展现了哪些方面的国家安全领域？观看后有何体会？

2.当代国家安全包括20个方面的基本内容，谈到国家安全，人们很容易联想到国土安全、军事安全、反奸防谍、维稳处突等方面，实际上，新时代的国家安全早已不局限于这些方面，其内涵和外延比历史上任何时候都要丰富，时空领域比历史上任何时候都要宽广，内外因素比历史上任何时候都要复杂。这就更迫切地要求我们必须坚持总体国家安全观，有效防范和化解各类风险挑战，确保社会主义现代化事业顺利推进。

学生活动：视频中所涵盖的国家安全包括政治安全、军事安全、经济安全、文化安全、社会安全、科技安全、网络安全、生态安全、海外利益安全、太空安全、极地安全、深海安全，金融安全，人工智能安全，数据安全等；众多领域的安全问题体现了国家安全涉及领域的丰富性、多样性和重要性。

设计意图：

1.通过材料展示，让学生直观明了地从中判断国家安全所包括的具体领

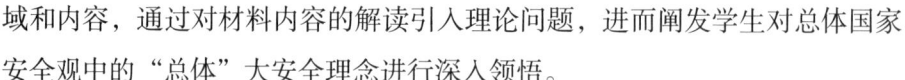

域和内容，通过对材料内容的解读引入理论问题，进而阐发学生对总体国家安全观中的"总体"大安全理念进行深入领悟。

2.活动二的视频播放，更加具体详尽地展示当前国家安全所涉及的全部领域，让学生深入体会总体国家安全观的动态发展，如近年来纳入国家安全体系的金融安全、生物安全、数据安全等；通过各行各业工作与国家安全的密不可分，引发学生共鸣，认识到国家安全关系到国家发展、民族复兴全局，更凸显出国家安全问题的复杂性和紧迫性。

环节二：达成共识、引发共情——感悟安全意义（重在辨明）

教师活动：

1.为什么要坚持总体国家安全观？维护国家安全的重要意义是什么？

2.图片展示土耳其海滩遇难的叙利亚小男孩艾兰、巴以冲突中战火下的加沙儿童——被从废墟救出的像洋娃娃一样可爱的加沙小女孩沙姆。战火下的加沙儿童经历多次空袭，战争却还未结束。

3.播放视频《我们在巴勒斯坦长不大》。视频中是2023年记者采访巴勒斯坦幸存儿童时的一段对话。当记者向巴勒斯坦的儿童提问说，你长大后想当什么？巴勒斯坦的孩子说："我们在巴勒斯坦长不大，我们任何时候，都可能被枪杀，失去生命。"

4.图片展示来自澳大利亚和英国的游客纷纷表示在中国感到非常安全，想不出哪里比中国会更安全了。中国有多安全成为国际社区热议的一个话题。

5.为什么叙利亚小男孩艾兰的照片会引发全世界震惊？为什么对于巴勒斯坦幸存儿童来说长大变成了一件奢侈的事情？对，是战争，是冲突，是种种不安全不和平的因素。而中华民族在历史上也曾是多灾多难的民族，曾经有过类似的感受，所以对今天的安定与幸福倍加珍惜。我们能切身感受到今日之中国是发展之中国，也是安定之中国。我们在改革开放以来的历史发展中创造了经济持续健康发展、社会持续安全稳定这两大"奇迹"。当今中国成为世界上公认的最安全的国家之一。可见，民族的兴衰与国家安全密不可分。

维护国家安全，关系到民族命运兴衰。

学生活动：观看上述图片和视频后，谈谈体会和感悟。

因逃离战火而溺亡的小男孩、战火下的加沙儿童令我们看到了当前国际形势下的战争与危险，巴勒斯坦幸存儿童的回答更让我们感到了战争的残酷，反观中国今日之安宁稳定的发展局面，令我们倍感珍惜，更深刻体会到国家安全和民族的发展、百姓的幸福是紧密相关的。

教师活动：

1.发展与安全问题是一个国家、一个民族生存与进步必须处理好的首要问题。在我国历史上就出现过只追求发展不重视安全的例子，我国宋朝就是这样。两宋是我国历史上经济、文化、教育比较繁荣的时代。但宋朝由于采取重文轻武的施政方针，在军事上较为羸弱，备受北方少数民族政权的压制，在1127年发生了"靖康之耻"，北宋灭亡。1276年，元军攻破南宋都城临安，3年后南宋就此覆灭。翻看宋朝300多年的历史，一半是让人神往的大宋繁华，一半是令人心碎的家难国殇，个中滋味涌上心头。

2.发展和安全，缺一不可，发展解决的是动力问题，是推动国家和民族赓续绵延的根本支撑；安全解决的是保障问题，是确保国家和民族行稳致远的坚强柱石。从起起落落的历史沉浮中，我们更能真切地体会到这一点。

结论：维护国家安全，关系到国家发展大计。

学生活动：回顾和追忆了宋朝这段发展历史后，反思两宋覆灭背后的原因与国家安全有何关系。

宋朝由于重文轻武的施政方针，国家军事实力不够强大，最终败于外部少数民族的侵袭，证明了国家的强盛与发展要以稳定和安全为前提。

教师活动：

1.展示材料和数据

材料1：新中国成立70多年来，中国共产党领导人民创造了世所罕见的经济快速发展奇迹和社会长期稳定奇迹，人民群众获得感、幸福感、安全感显著提升。人民群众的安全感明显提升，民众安全感由2012年的87.55%升至2021年的98.62%，较2012年提升了11个百分点，持续保持高位。国际社会普遍认为中国是世界上最有安全感的国家之一。

材料2：调查显示，我国是命案发案率最低、刑事犯罪率最低、枪爆案件最少的国家之一，每10万人口的命案是0.5起。10年来，刑事案件、安全事故等"五项指数"大幅下降。2021年，杀人、强奸等八类主要刑事犯罪、毒品犯罪、抢劫抢夺案件、盗窃案件的立案数和一次死亡3人以上的较大的交通事故数较2012年分别下降了64.4%、56.8%、96.1%、62.6%和59.3%。

材料3：美国民调公司盖洛普2021年调查显示，中国在治安安全的全球民调中高居第二，其中在"独走夜路感到安全"这项指数中，中国排名第三。国际上普遍认为中国是社会治安最好的国家之一。

2.三则材料所列举的各项数据说明了什么问题？你对我国的社会治安和国家安全有何感受？

3.我们天天生活在这样安全的环境中司空见惯、习以为常，实际上同许多国家相比，这是非常难得的。在我国，近年来人民群众获得感、幸福感、安全感显著提升，充分说明国家安全工作归根结底是保障人民利益，要坚持国家安全一切为了人民、一切依靠人民，为群众安居乐业提供坚强保障。

维护国家安全，关系到人民利益福祉。

学生活动：学生根据班级小组划分展开讨论，在限定时间内小组成员间交流意见和感受，形成统一认识，选派小组代表展示交流意见成果。

设计意图：

1.以当前国际热点问题切入，通过地区冲突和局部战争所带来的灾难和我国当前安全状况形成鲜明对比，回顾我国历史上曾遭受的境遇产生共情，从民族发展的历史经验中得出结论——国家安全与民族自身的命运兴衰紧密相关。

2.案例材料引发学生追忆我国历史上发展沉浮的经验与借鉴，思考安全与发展的内在关系，形成理性认识。

3.以数据为依据让学生直观感受我国当前百姓安全感的提升，以小组讨论方式进行交流和表达，培养团队合作、达成共识和分析思考、总结概括的能力。

4.在三个活动环节的基础上，让学生深刻理解国家安全是民族复兴的根基、社会稳定是国家强盛的前提，安全是发展的前提、发展是安全的保障，国以安为兴、民以安为乐。

环节三：同心共奋，勇毅共行——共筑安全防线（贵在践行）

教师活动：

1.为什么说维护国家安全与每个人息息相关？我们应如何维护国家安全？

2.介绍国安部最新披露的两起网恋求职间谍陷阱案例。

2024年3月13日，国家安全部披露两起根据真实案件改编的案例。位于我国南方某滨海城市的大二学生小刘通过交友软件结识了一名自称"小敏"的"小姐姐"后，被要求到指定地点拍摄我军舰停靠和进出港情况；某高校学生小王通过手机求职软件投放了求职信息后，一家调查公司以海洋环境调查为名，要求小王为其拍摄海边游艇、船舶情况，后逐渐引导小王前往军事敏感区域拍摄军机军舰情况。小王在老师的陪同下拨通了"12339"国家安全机关举报受理电话，事后，国家安全机关对小王的主动举报行为给予表彰、奖励。

学生活动：原以为间谍犯罪活动离我们很遥远，没想到包括那些大学生在内，看上去很平常的人，稍不小心就会落入敌对分子设下的圈套，沦为间谍，或被境外谍报人员所利用，做出危害国家安全的事情，让我们懂得其实间谍犯罪活动离我们并不遥远。

教师活动：

1.播放视频2023年保密公益宣传片《藏在照片里的秘密》。

视频宣传片通过展示"旅游风景照""实验加班照""会议记录照""军车偶遇照"等4个常见的拍照情景，指出看似平常的镜头可能会泄露军事地点、实验数据、会议记录、武器装备等涉密敏感信息。

2.提到间谍活动，人们也许会想到间谍都像影视剧中那样，神出鬼没，潜伏极深，而在案例和视频所涉及的间谍案中，不难看出间谍活动其实离我们并不遥远。宣传片意在提醒社会公众稍有不慎泄密事件就会发生在我们身边，倡导大家紧绷保密之弦，共筑保密防线守护家国之安。可见，国家安全是国家的根本所在，国家利益高于一切，维护国家的利益和安全，是每个公民的神圣义务，牢记维护国家安全，人人有责。

学生活动：看似平常的会议照、风景照等，竟然成了泄露秘密的工具和渠道，国家安全这道弦要时刻紧绷，风险意识和防范意识要加强。

设计意图：

1.通过真实案例引起学生共鉴，将国家安全政策与社会生活相结合，让学生意识到国家安全关系着我们每个人的幸福，任何情况下不得做有损国家安全的事情，并自觉与一切损害国家安全的行为作斗争，增强国家安全意识，自觉维护国家安全。

2.以视频宣传片为载体，设置不同现实情境，让学生在不同情境下感受捍卫国家安全的必要性，引导学生学以致用，将坚持总体国家安全观内化于心、外化于行，意识到国家安全并不遥远，国家安全与你我息息相关；让学生在实践中切实维护国家重点领域的国家安全，提高防范风险意识，建设高水平的平安中国，推进国家安全体系和能力的现代化。总之，人人都要关心关注国家安全，人人都是总体国家安全观的践行者。

（二）课堂小结

国以安为兴，民以安为乐。国家安全是民族复兴的根基，社会稳定是国家强盛的前提。党的十八大以来，以习近平同志为核心的党中央准确把握我国国家安全形势变化新特点新趋势，创造性提出了总体国家安全观，从全局上对国家安全工作进行顶层设计。新征程上，要把国家安全作为头等大事，着力推进国家安全体系和能力现代化，以新安全格局保障新发展格局。

（三）板书设计

一、坚持总体国家安全观

(一)什么是国家安全?国家安全包括哪些方面内容?

(二)为什么要坚持总体国家安全观?

1.维护国家安全，关系到民族命运兴衰

2.维护国家安全，关系到国家发展大计

3.维护国家安全，关系到人民利益福祉

(三)为什么说国家安全与你我息息相关?如何践行?

（四）作业设计

1.每年的4月15日是我国的全民国家安全教育日，请同学们搜集近年来国家安全教育日主题，了解我国国家安全教育的热点和重点问题，以时间为轴绘制表格并上传到雨课堂讨论区。

2.结合所学理论和社会实践思考作为当代大学生应如何结合自身实际践行总体国家安全观。

（五）参考资料

[1]中共中央宣传部理论局：《新征程面对面》，学习出版社、人民出版社，2021年。

[2]曹诗权：《坚持总体国家安全观（思想纵横）》，《人民日报》，2022年8月5日。

[3]孙东方：《深刻把握新时代坚持总体国家安全观的重要意义》，《人民日报》，2018年4月16日。

[4]习近平：《高举中国特色社会主义伟大旗帜 为全面建设社会主义现代化国家而团结奋斗——在中国共产党第二十次全国代表大会上的报告》，人民出版社，2022年。

[5]中共中央宣传部：《习近平新时代中国特色社会主义思想学习纲要（2023年版）》，学习出版社、人民出版社，2023年。

八、教学总结与反思

高等教育本科阶段开设习近平新时代中国特色社会主义思想概论课程，可以有效帮助学生不断深化对习近平新时代中国特色社会主义思想的理论认识。本节课程从国家安全方面的相关理论知识和政策解读入手，尝试从共鸣、共情、共识、共行四个方面引领学生感知到国家安全问题的突出重要性，以大安全观理念引领价值目标，领悟维护国家安全的重要意义，从而能够自觉坚持和践行总体国家安全观。

　　本讲在教学设计中以议题式教学设置教学活动，以坚持总体国家安全观为主题贯穿始终，以"是什么—为什么—怎么做"为逻辑结构展开，在案例材料、图片展析和视频解读中引发学生共鸣和共情，在师生互动中突出学生主体地位，以思想引领实现向价值引领的转化，从而增强思想政治理论课程的实效性。在教学环节设置中，让学生在共鸣中认识和了解国家安全观，在共情中深刻感悟维护国家安全的必要性和重要意义，以调动学生情感、激活学生思维的方式，实现理论层面和情感层面、价值层面的共振。在达成共识即实现思想政治理论课知识目标的同时，紧密融合立德树人总任务，将知识目标与实践目标、价值目标有机整合。让学生在统一理论认知的基础上强化在实践与行动中勇毅共行的现实任务，增强维护国家安全的危机意识、忧患意识、责任意识，践行总体国家安全观，为实现中华民族伟大复兴提供强大保障，走出一条中国特色的国家安全道路。

　　同时，本课程设计未来也应不断完善，可以加强课前的准备和预习，提前组织小组分组、明确讨论话题，在准备充分的前提下学生能够在更深度的理论认知领域开展交流探讨，增强学习效能；对于师生来说，也需要更多地阅读和了解相关书籍和时政新闻，深入研读教材之外的政策理论，形成更加完整严密的知识体系。

构建统筹各领域安全的新格局

鞍山职业技术学院　李峻岩

一、课程基本信息

主讲课程：习近平新时代中国特色社会主义思想概论

使用教材版本：高等教育出版社、人民出版社（2023版）

教材章节出处：《习近平新时代中国特色社会主义思想概论》第十三章《维护和塑造国家安全》第二节《构建统筹各领域安全的新安全格局》

二、教学设计概述

（一）设计思路

围绕我校《计算机应用技术专业人才培育方案》及社会用人需求，选取相关案例，设置教学情境。在学生心中形成情感共鸣的基础上，带领学生分析案例，随着问题逐步深入，逐渐使其认识提升。使抽象的理论与生活相联系，更易于掌握，引导学生思考如何将总体国家安全观应用于生产生活，思考未来从业方向，并基于此不断完善知识结构。

（二）理论依据

依照中共中央、国务院印发的《关于新时代加强和改进思想政治工作的意见》，教育部等十部门印发的《全面推进"大思政课"建设的工作方案》，辽宁省教育工委、省教育厅印发的《辽宁省进一步推荐大中小学思政一体化建设的若干举措》等文件精神；领会《习近平关于总体国家安全观论述摘编》《努力把我国建设成为网络强国》等习近平总书记关于总体国家安全观，特别是网络安全建设的相关思想；结合《习近平新时代中国特色社会主义思想概论》的课程标准、教学大纲，我校《计算机应用技术专业人才培育方案》以及社会用人需求，设计本课教学环节。

（三）设计特色

思政课程与课程思政融通育人。

内容设计方面，结合学生未来从业方向如自媒体、网络销售、软件开发、3D打印、"新农人"等，选取教学案例，设置教学情景；使理论与生产生活相结合，易于理解的同时，给学生以有效指导。

教学检验方面，结合计算机应用技术专业期末考试项目，通过让学生制作关于宣传总体国家安全观的网页，检验学生知识掌握情况。思政教师与专业课教师从各自角度为学生打分，最终计入期末考试成绩，实现思政课程与课程思政融通育人。

三、学情分析

本课面向我校23级计算机应用技术专业，学生思维活跃，善于利用网络平台收集相关资料，对涉及未来工作岗位的相关知识具有浓厚兴趣；具备一定的自学能力，能够通过抖音、哔哩哔哩、小红书等网络平台学习，能够完成课前任务；有很深的爱国情怀，对网络热点新闻比较关心；需补充相关课外知识，完善知识结构，提升理论联系实际的能力。通过情景带入，学生能够获得情感认同；随着问题设置的不断深入，学生的认识也会不断深刻，并能够举一反三，联系生活实际分析问题。

四、教学目标

通过对游戏《宝可梦GO》为何不能在大陆地区推广的思考，认识到安全问题涵盖日常生活的方方面面；树立总体国家安全观，从国家发展的宏观层面思考国家安全问题。

从"银河号"事件和"北斗"升空中激发爱国情怀，唤起科技报国意识。认识到发展是动力，安全是保障。

通过畅谈新时代，坚定"四个自信"。在分析香港修例风波中，认识到仍有敌对势力妄图扰乱我国社会发展，在未来工作中始终把维护政治安全放在首位，守好意识形态阵地。理解政治安全与人民安全、国家利益至上是有机统一的；政治安全是维护人民安全和国家利益的根本保证；人民安全居于中心地位，国家安全归根结底是保障人民利益；国家利益至上是实现政治安全和人民安全的要求和原则。

结合未来从业方向如自媒体、网络销售、软件开发、3D打印、"新农人"等，认识到作为计算机应用技术专业的毕业生，在维护国土安全，维护经济安全，维护网络、人工智能、数据安全，维护生物安全和公共卫生安全，维护外部安全领域中将承担哪些社会责任。思考未来就业方向，不断完善知识结构。为我国新质生产力发展贡献力量。

五、教学重点难点

（一）教学重点

1.统筹发展和安全。从"银河号"事件受辱，到如今"北斗"系统保障各行各业发展，认识到发展是动力，安全是保障。激发学生科技报国意识。

2.把维护政治安全放在首要位置。通过感受新时代的发展，体会社会主义制度的优越。从香港修例风波中意识到，仍有敌对势力妄图扰乱我国社会发展，在未来工作中应注意维护政治安全。

（二）教学难点

维护重点领域国家安全。结合未来从业方向如自媒体、网络销售、软件开发、3D打印、"新农人"等，阐释作为计算机应用技术专业学生，在维护国土安全，维护经济安全，维护网络、人工智能、数据安全，维护生物安全和公共卫生安全，维护外部安全中将承担哪些社会责任。思考未来就业方向，不断完善知识结构。

六、教学设计总体思路

本课以计算机应用技术专业学生未来从业方向为导向，将总体国家安全观结合实例阐释，讲授理论的同时，给学生未来就业以启示。

课程主要运用以下教学方法：

1.案例分析法：通过案例将理论知识与实际相联系，随着提问的逐步深入，不断深化学生认识，并引导学生思考在未来的工作中，关于总体国家安全应注意哪些问题，以及结合社会需求思考就业方向，在今后的学习生活中不断完善自身知识结构。

2.项目教学法：结合计算机应用技术专业期末考试项目，通过学生制作的关于宣传总体国家安全观的网页，检验学生知识掌握情况，思政教师与专业课教师从各自角度为学生打分，最终计入期末考试成绩，实现思政课程与课程思政融通育人。

3.分组教学法：学生以小组为单位，相互协助完成课前布置：利用手机等数据终端查阅资料，通过头脑风暴，不断提升认识。

七、教学过程

（一）教学流程设计

环节一：课前

教师活动：各小组进行抽签，准备以"银河号"事件、"北斗"系统、香港修例风波、"新农人"为主题的讲解。

学生活动：以小组为单位，准备主题演讲。

设计意图：增加学生课堂学习的参与度，并积累相关课外知识，易于学生理解所学理论，通过课堂上的思辨，更好地将理论与实际相结合。

环节二：新课导入

教师活动：

1.播放《宝可梦GO》游戏简介视频

这是一款由任天堂、宝可梦公司、Niantic Labs联合制作开发的，能对现实世界中出现的宝可梦进行探索捕捉、战斗以及交换的游戏。玩家可以通过智能手机在现实世界里发现宝可梦，进行抓捕和战斗。玩家作为宝可梦训练师抓到的宝可梦越多会变得越强大，从而有机会抓到更强大更稀有的宝可梦。目前大陆地区并未批准游戏上架。

2.如何能玩到这款游戏?

学生活动:自由回答,如"翻墙"等非正规渠道。

教师活动:

1."翻墙"有哪些危害?

2.《计算机信息网络国际互联网安全保护管理办法》第5条规定,任何单位和个人不得利用国际互联网制作、复制、查阅和传播下列信息:

(一)煽动抗拒、破坏宪法和法律、行政法规实施的;

(二)煽动颠覆国家政权,推翻社会主义制度的;

(三)煽动分裂国家、破坏国家统一的;

(四)煽动民族仇恨、民族歧视,破坏民族团结的;

(五)捏造或者歪曲事实,散布谣言,扰乱社会秩序的;

(六)宣扬封建迷信、淫秽、色情、赌博、暴力、凶杀、恐怖、教唆犯罪的;

(七)公然侮辱他人或者捏造事实诽谤他人的;

(八)损害国家机关信誉的;

(九)其他违反宪法和法律、行政法规的。

学生活动:用手机查阅资料,并作答。

第一,容易陷入"政治陷阱"。很多人第一次"翻墙"时,看到很多的"客观""揭秘"这样字眼的文章,感觉大受"震撼",但其实是被这些精心炮制的反宣言论所蒙蔽,长期浏览这些内容,思想很容易受到侵蚀。

第二,很多从事网赌网贷、勾连诈骗等非法行业的人员,为了逃脱我们国家法律的监管,会选择使用国际互联网上一些法律监管不到的软件和平台发布相关内容,而这些内容"翻墙"上网时就很容易获取到,长期浏览这些内容自己也容易陷入违法犯罪的深渊。

第三,当选择使用一些非正规渠道的软件时,很容易造成个人信息的泄露,会带来更大的潜在的危害。

教师活动:为什么这款游戏不能上架?

学生活动:用手机查阅资料,并作答。

此类型游戏在运营中存在较大社会风险，例如：对地理信息安全的威胁、对社会交通安全和消费者人身安全的威胁等。因此相关部门出于对国家安全与人民生命财产安全的高度负责，暂不受理审批此类型游戏，并建议国内游戏企业在研发、引进运营此类型游戏时审慎考虑。

设计意图：通过生活实例，使学生认识到国家安全问题就在我们身边，需树立总体国家安全观。在未来工作中，不应只为牟利，一味迎合客户，而忽视相关法律规定、妨害国家安全。

环节三：统筹发展和安全

教师活动：请同学介绍"银河号"事件。

学生活动：利用多媒体课件介绍"银河号"事件。

教师活动：请同学就"银河号"事件谈一谈感受。

学生活动：自由发言，表达自己的爱国情感，以及科技报国的志向。

教师活动：

1.请同学介绍"北斗"系统。

2.发展和安全是两件大事。发展解决的是动力问题，是推动国家和民族赓续绵延的根本支撑；安全解决的是保障问题，是确保国家和民族行稳致远的坚强柱石。以新安全格局保障新发展格局。牢牢守住安全发展这条底线是构建新发展格局的重要前提和保障。

学生活动：利用多媒体课件介绍"北斗"系统。

设计意图：通过"银河号"事件，调动起学生的爱国情绪，并认识到发展是民族存续的动力，安全是实现民族复兴的保障。引导其思考如何利用所学科技报国。

环节四：把维护政治安全放在首要位置

教师活动：请同学谈一谈我们的"新时代"。

学生活动：结合党史、家乡发展、科技领域所取得的成绩与突破等方面，讲述自己心目中的新时代中国。

教师活动：请同学介绍香港修例风波。

学生活动：利用多媒体课件介绍香港修例风波。

教师活动：请同学就香港修例风波谈一谈感受。

学生活动：结合新时代中国的发展，以及修例风波给香港地区带来的影响，表示"没有大稳定，哪来小确幸"——应维护国家政治安全。

教师活动：

1.维护政权安全，就是要毫不动摇坚持和巩固党的领导和长期执政地位。

维护制度安全，就是要毫不动摇坚持和完善中国特色社会主义制度。

维护意识形态安全，就是要毫不动摇坚持和巩固马克思主义在意识形态领域的指导地位，不断巩固全党全国人民团结奋斗的共同思想基础。

2.政治安全与人民安全、国家利益至上是有机统一的。政治安全是维护人民安全和国家利益的根本保证；人民安全居于中心地位，国家安全归根结底是保障人民利益；国家利益至上是实现政治安全和人民安全的要求和原则。

设计意图：使学生通过感受国家的发展，体会"中国共产党为什么能，中国特色社会主义为什么好，归根到底是因为马克思主义行！"同时也意识到一些敌对势力，不断扭曲事实造谣中国，妄图扰乱我国；从而在今后的学习生活中，不断学习践行社会主义核心价值观，并在今后的工作生活中利用所学维护国家政治安全。

环节五：维护重点领域国家安全

教师活动：

1.某组织以"海洋公益活动"为名，在中国境内设立海洋监测点。宣称为国家相关部门收集海洋监测数据。实则该组织在境外机构的资助下，收集海洋监测等敏感数据，并向境外提供，已对我国海上军事安全构成现实威胁。

2.我们在录制视频或直播时应注意哪些？

学生活动：结合视频中国家安全机关干警的讲解，进行回答。应避开涉及国防安全的敏感设施及地区；同时注意保护个人信息安全。

教师活动：请同学介绍"新农人"。

学生活动：利用多媒体课件介绍"新农人"。

教师活动：

1.2023年9月28日，据美国广播公司（ABC）报道，纽约市警方27日表示，在曼哈顿一家有营业执照的日托中心发现多把"幽灵枪"，3人被捕。

纽约警察局情报和反恐副局长丽贝卡·韦纳（Rebecca Weiner）于当地时间27日召开的记者会上说，调查人员在日托中心发现一台3D打印机及工具，还有两把已制作完成的3D打印枪支和一把处于最后组装阶段的突击手枪。警方正在就此事展开调查。3名被捕人员中包含2名未成年人。

纽约市长埃里克·亚当斯（Eric Adams）表示，（家长）把孩子送到能够提供保护的地方，却发现这是一个危险的地方，有人在这儿制造枪支，这令人心碎。

2.结合案例思考，之前流行的"小萝卜刀"背后是否隐藏安全隐患？

学生活动：结合案例引申到在将来的工作中应承担维护社会安全的责任。

教师活动：

1.习近平总书记指出，没有网络安全就没有国家安全，就没有经济社会稳定运行，广大人民群众利益也难以得到保障。

2.在一些电商平台上，"只要9块9"，消费者就可以轻松买到一个"宠物盲盒"，里面可能写着萨摩耶、布偶猫这些名贵品种，但最终送到手上的可能只是普通品种的猫狗，甚至是可能出现不到一星期就生病去世的"星期猫""星期狗"。还有不少宠物在"宠物盲盒"邮寄的途中可能就死去了，有买家称"收到都臭了"。中国人民大学法学院教授、商法研究所所长刘俊海表示，平台企业是贯彻执行动物防疫法、电子商务法的第一责任人。在"宠物盲盒"事件中，平台方纵容和允许相关卖家违反动物防疫法，无序从事宠物盲盒生意，平台疏于自律监管，没有尽到相关的法律责任和社会责任，平台需要对因其失职而产生的后果承担相应的法律责任。

3."宠物盲盒"会造成哪些社会危害？

4.播放视频《从历史看国家安全》片段。

学生活动：用手机查阅资料，并作答。

设计意图：通过案例，引导学生思考计算机应用技术专业学生如何将国家整体安全观运用于生活，以及如何为"新质生产力"发展贡献力量。为未来择业提供选择方向，在今后的学习生活中积累相关知识。

（二）课堂小结

新时代中国面临严峻复杂的国家安全形式。坚持总体国家安全观，必须坚持底线思维，居安思危，未雨绸缪。坚持国家利益至上，以人民安全为宗旨，以政治安全为根本，以经济安全为基础，以军事、科技、文化、社会安全为保障。以促进国际安全为依托，走中国特色国家安全道路。

计算机应用技术专业的学生，需思考如何围绕总体国家安全观丰富知识结构，明确就业方向，为"新质生产力"发展做出贡献。

（三）板书设计

构建统筹各领域安全的新格局

一、统筹发展和安全

发展——动力

安全——保障

二、把维护政治安全放在首要位置

三、维护重点领域国家安全

1.维护国土安全

2.维护经济安全

3.维护网络、人工智能、数据安全

4.维护生物安全和公共卫生安全

5.维护外部安全

（四）作业设计

以小组为单位设计主题为总体国家安全观的宣传网页。

（五）参考资料

[1]中共中央党史和文献研究院：《习近平关于总体国家安全观论述摘

编》，中央文献出版社，2018年。

[2]习近平：《习近平谈治国理政.第一卷》，外文出版社，2018年。

[3]习近平：《论党的宣传思想工作》，中央文献出版社，2020年。

八、教学总结与反思

本课依据相关指示精神，结合高职学段学生特点，调动学生自主学习积极性，助其积累相关课外知识，理解所学理论，从而促进学生将理论与实际相结合，分析解决问题。在教学环节中结合社会需求，引导学生思考未来就业方向。

本着思政课程与课程思政协同育人的原则，结合我校计算机应用技术专业人才培养方案，采用项目教学法，即通过学生制作的总体国家安全观宣传网页，检验学生学习情况，实现思政课与专业课的有机结合。

针对如何把握不同专业学生特点，更好将思政课程与课程思政相融通，有效指导学生选择从业方向，结合社会需求完善知识结构。仍需思索构建有效的学科交流平台，及时更新行业信息，保证教学环节设计不"过时"。

总体国家安全观引领塑造新时代中国安全

辽宁石化职业技术学院　赵　辉

一、课程基本信息

主讲课程：习近平新时代中国特色社会主义思想概论

使用教材版本：高等教育出版社、人民出版社（2023版）

教材章节出处：《习近平新时代中国特色社会主义思想概论》第十三章《维护和塑造国家安全》

二、教学设计概述

（一）设计思路

义务教育学段，按照《义务教育道德与法治课程标准》（2022年版）文件要求，有关国家安全内容的目标分布在两个学段，即小学第三学段（5—6年级）——了解认识每个人都有维护国家利益和安全的责任，第四学段（7—9年级）——了解法律对国家安全的保障作用，自觉履行维护国家安全的义务。两学段培育的核心素养均为法治观念。高中学段按照《普通高中思想政治课程标准》（2023年版）文件要求，选择性必修课程模块1当代政治与经济中，涉及自觉维护国家主权、安全、发展利益相关内容。

本次课教学设计授课对象为高职学段学生。按照《习近平新时代中国特色社会主义思想概论》课程教学大纲（试行）要求，第十三章《维护和塑造国家安全》教学内容包含坚持总体国家安全观、构建统筹各领域安全的新安全格局、开创新时代国家安全工作新局面。预期学习成果：学生能够正确认识统筹发展和安全，学习领会总体国家安全观为新时代国家安全工作提供了

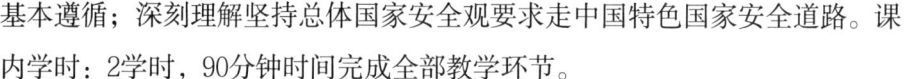

基本遵循；深刻理解坚持总体国家安全观要求走中国特色国家安全道路。课内学时：2学时，90分钟时间完成全部教学环节。

（二）理论依据

教学设计主要理论依据是以"刺激—反应—强化"为模型的行为主义学习理论。行为是学生对环境刺激所做出的反应，环境是刺激，随之发生的有机体行为是反应，所有行为都是习得的。行为主义学习理论应用在学校教育实践上，就是要求教师掌握塑造和矫正学生行为的方法，为学生创设一种环境，尽可能在最大程度上强化学生的合适行为，消除不合适行为。强化是学习中非常重要的一环，它有助于巩固和改进学生的学习成果。强化可以分为正强化和负强化。正强化是指对学生的正确反应给予奖励和肯定，如表扬、晋级、奖品等，以增强其学习动力；负强化则是对学生的错误反应给予纠正和指导，如纠正答案、讲解技巧、调整方法等，以帮助学生更好地掌握学习技能。本次课的教学设计中多次运用"刺激—反应—强化"理论，例如图片创设情境环节中，图片和教师的讲述对学生产生视觉和听觉刺激，学生受到刺激后产生身体反应，如大脑在思考、嘴巴在讨论、身体起立发表观点等，教师对学生的观点进行点评、对案例进行总结即为强化过程。

（三）设计特色

结合本章内容，教学设计主题为"以小见大"，从课程导入的一粒小小种子到课堂小结的"蝴蝶效应"，深刻彰显了国家安全"见微知著"的实践特点。讲授新课环节，除理论讲授外，增加了图片创设情境、课堂活动、课堂提问、案例讨论、案例分析、案例分享等教法，用丰富的教学形式将知识讲透，提高课堂教学效果。案例素材选择尽量贴近学生所在地域和实际生活，教师讲述采用青年学生喜闻乐见的自媒体表达方式，语言生动活泼、情绪感染力强，将案例讲活。课后作业将学生日常的大学生活与国家安全的宏大主题紧密结合，将教学内容内化于心，外化于行，潜移默化地涵养学生落叶知秋、见微知著的敏锐心，教会学生居安思危，时刻擦亮眼绷紧弦，共同守护国家安全。

三、学情分析

（一）思想特点

授课对象为高职院校二年级学生，理论基础薄弱，动手能力较强，课堂表现活跃，乐于接受新思想、新观点、新看法。该专业开展课程思政频率较高，效果较好。

（二）知识储备

学生在前期学段学习了《道德与法治》《思想政治》课程；在高等教育学段学习本门课程之前已完成《思想道德与法治》《毛泽东思想和中国特色社会主义理论体系概论》《中国共产党党史选讲》《形势与政策》等课程学习，树立正确的马克思主义世界观，具有开阔的视野，能够了解和正确认识国内外的重大时事，具备世界政治经济与国际关系的基本知识。

（三）能力水平

该专业（化工设备维修技术专业）旨在培养具有工匠精神和信息素养的高素质技术技能人才，学生主要学习工学类知识，具备相关操作、维护、检修、制造与安装调试、故障分析与处理等能力，实操能力较强。

（四）对本节所学内容的学情

课前通过网络问卷对学生的国家安全意识进行调查，全体学生在小学、初中、高中/中职学段均学习过国家安全课程内容，90%以上受到过1—2次的国家安全专题教育，约60%学生对国家安全教育的具体内容记忆模糊，超过50%的学生对国家安全的主流媒体频道或自媒体博主选择"不关注"，25%的学生对国家安全主题的新闻、报道、短视频以及文献材料选择"不感兴趣"。针对学生目前对总体国家安全观的知识掌握程度和兴趣度，在教学设计中须着重基本理论的复习与衔接，加强拓展延伸理论讲授，穿插使用丰富的、贴近学生实际的教学案例吸引学生，提高学生课堂参与率、抬头率。

四、教学目标

（一）知识目标

深刻理解什么是国家安全，全面掌握总体国家安全观的提出过程和科学内涵，明确认识发展和安全的相互支持关系，记忆政治安全是国家安全的根本，了解国土、经济、社会、网络、数据、人工智能、生物和公共卫生、外部等重点领域国家安全统筹推进和健全国家安全治理体系的工作举措。

（二）能力目标

学会识别颜色革命，警惕颜色革命发生的现实风险，培养战略预判和风险预警能力，提高防范化解重大风险能力，既能够下好防范风险的先手棋，也能够及时找到应对和化解风险挑战的高招。提高全局意识、大局观念、系统思维、极限思维、底线思维能力；锻炼化险为夷、转危为机的战略主动能力，在今后的学习、工作、生活中竭力维护国家安全，坚决捍卫国家利益。

（三）情感目标

将自觉维护国家安全意识根植于心，建立国家安全是头等大事的心理和行为逻辑。厚植爱国情感，激发爱国意志，形成对伟大祖国的强烈认同感。增强使命担当，增强责任意识，成长为合格可靠的社会主义建设者和接班人，为实现中华民族伟大复兴作出贡献。

五、教学重点难点

（一）教学重点

1.国家安全是民族复兴的根基，社会稳定是国家强盛的前提。

2.总体国家安全观的丰富内涵和指导意义。

3.构建统筹各领域安全的新安全格局，统筹发展和安全、把维护政治安全放在首要位置、维护重点领域国家安全。

4.推进国家安全体系和能力现代化，健全国家安全体系、增强维护国家安全能力。

（二）教学难点

1.把维护政治安全放在首要位置，政治安全是国家安全的根本，没有政治安全的保障，其他领域的安全就无从谈起。

2.颜色革命的本质及如何识别颜色革命。

六、教学设计总体思路

根据大中小学思政课一体化建设思路，授课对象已在小学、初中、高中/中职学段完成国家安全相关内容的学习和掌握，本次教学过程中注意进行理论衔接，提升学生理论高度、深度和广度，加强理论内化过程，增强使命担当。虽同处高等教育学段，但高职学生学习成绩相对本科生较差，政治理论掌握水平参差不齐，课堂气氛活跃，注意力集中时长较短。在以往的教学过程中发现理论灌输教学法效果较差，但《维护和塑造国家安全》的理论内容较多，不能完全放弃理论讲授而采用小组研讨或任务中心等其他模式。在教学过程中至少每一目设计一个非理论讲授的环节，如图片情境、课堂活动、课堂问答、案例分析、案例分享、案例讨论等，目的在于吸引学生注意力、调动学生积极性。案例素材选择上尽量贴近学生生活，充分体现以学生为中心的教学思想，紧紧围绕提升青年学生理论素养，扛起新时代的责任担当这个目标开展教学活动，灵活使用多媒体和学习通作为辅助教学手段。

七、教学过程

（一）教学流程设计

环节一：课堂准备

教师活动：

1.使用"超星学习通"发起签到。

2.在"超星学习通"上布置上节课重点内容习题，让学生现场作答。实时关注学生答题正确率，讲解题目正确答案并简要回顾上节课内容（第十二讲《建设社会主义生态文明》）。

学生活动：学习通签到；学习通答题；聆听讲解；复习。

设计意图：按照艾宾浩斯遗忘曲线规律，学习后经过1天至1周大约遗忘74%~77%，中途复习会使记忆形成率有所上升。本课程设置的间隔为2—3天，每次课前复习上节课内容，巩固重要知识点，不仅能科学地保障学习效果，还能让学生养成温故而知新的学习习惯。

环节二：课程导入

教师活动：

1.使用教具——一粒玉米种子，向学生展示。同学们，这是一粒普通的玉米种子，我们通常叫它"苞米""苞谷"，现在我说，一粒小小看起来不起眼的种子，它和整个国家的安全息息相关，你相信吗？

2.为什么这样一粒种子会关系到整个国家的安全稳定呢？

3.种子，国家安全之重器。种子是农业生产的基础，是粮食产业链上游的关键环节。如果我国的种子市场被别国种业巨头控制，那么我们农业发展的咽喉就被别国扼住。袁隆平院士曾说过：关键时刻，一粒小小的种子能够绊倒一个强大的国家。由此可见，国家安全无小事，国家安全与我们每一个人都息息相关。本节课我们要学习的就是第十三章——全面贯彻落实总体国家安全观。

学生活动：聆听教师讲述、思考；积极回答、发表观点。

设计意图：课程伊始，用"种子"和"国家安全"两件看似毫不相关的事物的内在关联引发学生兴趣，采用"以小见大"的视角切入本节"国家安全"主题。

环节三：讲授新课

教师活动：

1.讲授国家安全含义（《中华人民共和国国家安全法》）。

2.解释党中央始终把维护国家安全工作紧紧抓在手上的原因。

3.介绍新中国成立后国家安全工作的主要成就。

4.创设情境，讲述照片背后的故事：抗美援朝——立国之战。

（1）幻灯片中的这张图片，是中国人民志愿军从1950年10月25日，分批雄赳赳，气昂昂，跨过鸭绿江，抗美援朝，保家卫国。现驻地在我们所在城市——锦州的40军，当年刚刚打完海南岛，成了全军唯一没有休整就直接参加抗美援朝的部队，一路南征北战并立下赫赫战功。抗美援朝是新中国的一场伟大的立国之战，要是打不赢，中国绝无今日之繁荣昌盛。

（2）2023年11月23日，沈阳，小雪。风雪迎忠魂，最可爱的人回家了。第十批在韩中国人民志愿军烈士遗骸由空军运－20专机护送，两架歼－20护航，由韩国仁川起飞，降落沈阳。25位志愿军烈士遗骸回到祖国，安葬在沈阳抗美援朝烈士陵园。在陵园里，不时能听到飞机的阵阵轰鸣。不远处的中航工业沈阳飞机工业（集团）有限公司，是中国重要的战机研制和生产基地。抗美援朝时我们没有制空权，如果烈士们今天能听到我们战机的轰鸣声，一定会很欣慰。

5.72年前，我们一穷二白，拼命抵挡了外来侵略。如今，我们的综合国力和国防力量强大了，更不能任人宰割。我们不惧怕任何霸凌，有信心、有能力捍卫国家领土的完整。

6.介绍改革开放后国家安全工作的主要成就。

学生活动：聆听讲解、进入情境、用心感受、强化信念。

设计意图：越是在国家和民族发展的重大关头、关键时期，越需要发挥伟大精神的激励作用，凝聚攻坚克难的强大精神力量。当今世界正经历百年未有之大变局，我国正处于实现中华民族伟大复兴关键时期，我们必须传承发扬伟大抗美援朝精神，在《抗美援朝——立国之战》案例中汲取精神力量，培养敢于斗争、善于斗争，知难而进、坚韧向前的意志品质，将新时代中国特色社会主义伟大事业不断推向前进。攻克教学重点1。

教师活动：

1.新时代我国面临更为严峻的国家安全形势，各种威胁和挑战联动效应凸显。

2.解释"联动"。"联动"指各种风险关联度高、传导快、共振强，一定条件下很容易演化升级。如果不注重警惕联动效应，将造成"小风险"演变成"大风险"、"局部风险"演变成"系统风险"、"经济社会风险"演变成"政治风险"、"国际风险"演变成"国内风险"的严重后果。习近平总书记指出："当前我国国家安全内涵和外延比历史上任何时候都要丰富，时空领域比历史上任何时候都要宽广，内外因素比历史上任何时候都要复杂。"

3.从外部环境、内部环境两方面举例我国面临的风险挑战。外部环境：世界格局东升西降，俄乌战争、巴以冲突等地区热点和局部冲突此起彼伏，百年未有之大变局的种种迹象表明，和平与发展的时代主题面临严峻挑战。著名学者，中国人民大学教授金灿荣对当今世界局势有一句精辟的总结："唯一不变的就是变，唯一确定的就是不确定。"内部环境：科技创新能力"卡脖子"、传媒话语"卡嗓子"、意识形态领域存在挑战，粮食、能源、资金、金融和产业链供应链面临重大考验。

4.思考过去和现在我国国家安全面临形势有何不同，学生可互相讨论，点两名学生出列，共同将词语牌放在正确的位置。

	过去	现在
总体趋势：	顺势而上 ————	顶风而上
机遇：	容易把握 ————	难以把握
大环境：	相对平稳 ————	动荡复杂
风险挑战：	容易看清 ————	提高应变
发展水平：	低 ————	高
同别人的关系：	互补 ————	竞争

5.面对新形势新挑战，维护国家安全和社会安定对实现中华民族伟大复兴具有十分重要的意义。当前我国正处于中华民族伟大复兴的关键时期，由大向强、将强未强之际往往是国家安全的高风险期，敌对势力的破坏、压力阻力的加大、面临风险的增多，让维护国家安全和社会稳定的任务愈加艰巨。因此，距离实现中华民族伟大复兴的目标越近，我们越不能懈怠，越要准备经受风高浪急甚至惊涛骇浪的重大考验，为党和国家兴旺发达、长治久安提供有力保证。

学生活动：积极参与，经过分析讨论将词语牌粘贴在正确的位置。

设计意图：此部分前半段内容着重知识讲解，理论性较强，学生容易产生倦怠情绪，中间设置课堂互动环节，鼓励学生参与，活跃课堂气氛。

教师活动：

1.讲授总体国家安全观的提出和发展，梳理总体国家安全观自2014年4月15日首次提出到党的二十大期间相关理论阐述。

2.精讲"总体国家安全观"。

3.新时代国家安全得到全面加强：①党对国家安全工作的领导更加有力；②国家安全体系和能力建设取得突破性进展；③国家主权、安全、发展利益得到全面维护；④平安中国建设迈向更高水平；⑤维护国家安全的民心基础更加巩固。

4.展示案例，学生讨论

案例一：《中国成为世界上最有安全感的国家之一》

案例二：《旧金山"创文""创卫"》

生活在目前所在的城市，你有安全感吗？对比以上两个案例，谈谈你的感受。

学生活动：聆听讲解、记忆重点、思考案例、参与讨论、发表观点。

设计意图：梳理总体国家安全观的提出过程和丰富内涵，组织学生对比中美两国社会安全案例，重申总体国家安全观的现实指导意义。攻克教学重点2。

教师活动：

1.讲授统筹发展和安全

（1）重要性："基础性工作""重大原则""重要战略性部署"。

（2）相互关系：发展是安全的基础和目的，安全是发展的条件和保障。

（3）以新安全格局保障新发展格局，最终目标：实现高质量发展和高水平安全的良性互动。

2.讲授把维护政治安全放在首要位置

维护政权安全、维护制度安全、维护意识形态安全，政治安全是国家安全的根本，没有政治安全作保障，其他领域的安全就无从谈起，其他领域的

安全问题最终也会反映到维护政治安全上来。（教学重点+教学难点）

3.分享案例《阿拉伯之"春"？阿拉伯之"冬"！》。

突尼斯城管逼死一名卖水果的小商贩，引发了全国骚乱，更引起阿拉伯世界多个国家的"颜色革命"。什么是"颜色革命"？阿拉伯世界发生"颜色革命"的深层原因是什么？阿拉伯世界的"颜色革命"浪潮对我们有何启示？

4.西方国家策划"颜色革命"，往往从所针对的国家的政治制度特别是政党制度开始发难，大造舆论，大肆渲染，把不同于他们的政治制度和政党制度打入另类，煽动民众搞街头政治。结果使很多国家陷入政治动荡、社会动乱，人民流离失所。我们头脑一定要清醒、一定要坚定，面对大是大非敢于亮剑，面对矛盾敢于迎难而上。（教学难点）

5.维护国土、经济、社会、网络、人工智能、数据安全、生物、公共卫生、外部等重点领域国家安全是主阵地，主战场，要聚焦重点、抓纲带目，统筹推进各重点领域国家安全工作。

6.分享案例《印度又准备搞事情了？》

据媒体报道，印度在中印边境地区新部署了1万名士兵。中印边境问题复杂而敏感，涉及历史、领土、安全等多个方面。近年来，虽然中印两国政府在解决边境问题方面取得了一些进展，但仍然存在很多分歧。中印边境地区的和平与安宁，是中印两国人民的共同愿望。我国一直主张，通过和平对话，解决中印边境问题。这也是我国一直以来的外交方针。我国希望通过双方的共同努力，以实际行动维护边境地区的和平与安宁，为两国人民创造一个和平稳定的环境。

学生活动：思考颜色革命应对之策，发表观点。

设计意图：通过理论讲授、举例说明、案例分析、案例延伸引导学生认清颜色革命的本质，警惕颜色革命的现实风险，坚定中国特色社会主义道路自信。攻克教学重点3，教学难点1、2。

教师活动：

1.讲授推进国家治理体系和治理能力现代化

（1）从领导体制、管理体系、指挥体系、防护体系等方面健全国家安全体系（简要举例说明）。

（2）从实现中华民族伟大复兴的战略高度，分析需求、有针对性地采取措施，着眼维护和塑造国家安全的战略需要，加强安全保障能力、加强国家安全教育，增强维护国家安全能力（简要举例说明）。

2.讲授建设更高水平的平安中国。三个目标：治理效能更强、安全稳定局面更巩固、人民更满意。

3.讲授提高防范化解重大风险能力

（1）坚持底线思维和极限思维；解释木桶理论。

（2）下好先手棋，打好主动仗

①既要高度警惕"黑天鹅"事件，也要防范"灰犀牛"事件。"黑天鹅"和"灰犀牛"是什么？

②既要有防范风险的先手，也要有应对和化解风险挑战的高招。

③既要打好防范和抵御风险的有准备之战，也要打好化险为夷、转危为机的战略主动战。

（3）运用制度威力应对风险挑战的冲击。（三个方面）

学生活动：思考，可使用手机进行检索回答。

设计意图：针对推进国家安全体系和能力现代化每个方面简要举例说明，加深学生理解。攻克教学重点4。

（二）课堂小结

一只南美洲亚马孙河流域热带雨林中的蝴蝶，偶尔扇动几下翅膀，可能在两周后引起美国得克萨斯的一场龙卷风。一件表面上看起来毫无关系、非常微小的事情，可能带来巨大的改变。在国家安全面前，任何一个不起眼的小纰漏、小错误都会引发一连串的"蝴蝶效应"。国家安全是民族复兴的根基。进入新时代，我国面临更为严峻复杂的国家安全形势，新征程上，唯有全面贯彻落实总体国家安全观，统筹发展和安全，拿出"见微知著"之心，牢牢守住国家安全"基本线"，不断塑造总体有利的国家安全战略态势，开创新时代国家安全工作新局面，才能构筑维护国家安全的铜墙铁壁，为中华民族伟大复兴提供牢固的安全保障。

（三）板书设计

第十三章　维护和塑造国家安全

一、坚持总体国家安全观

＊1.国家安全是民族复兴的根基＊

＊2.总体国家安全观是新时代国家安全工作的基本遵循＊

3.新时代国家安全工作得到全面加强

二、构建统筹各领域安全的新安全格局

1.统筹发展和安全

＊2.把维护政治安全放在首要位置＊

3.政权、制度、意识形态

4.维护重点领域国家安全

三、开创新时代国家安全工作新局面

＊1.推进国家治理体系和治理能力现代化＊

2.建设更高水平的平安中国

3.提高防范化解重大风险能力

（四）作业设计

教师在学习通上发布作业，学生课后线上作答。

同学们入学时都参加了军训，军训期间有一条非常重要的规矩：不能拍摄穿着军装教官的照片或视频，更不能上传至网络。学了本节课的内容，从国家安全层面谈谈你对这条规矩的理解。

（五）参考资料

[1]《习近平新时代中国特色社会主义思想概论》教学课件，教育部全国高校思想政治理论课教学指导委员会、"习近平新时代中国特色社会主义思想概论"分教学指导委员会、高等教育出版社。

[2]翟唯佳、曹宏：《中国雄师第四野战军》，中共党史出版社，2004年。

[3]曾向红、张峻溯：《内外联动：新一轮全球抗议浪潮中的2019年香港暴乱》，《统一战线学研究》，2020年4月第3期。

[4]《为什么"阿拉伯之春"变成"阿拉伯之冬"？》，东方卫视《这就是中国》，2019年第30期，https：//www.hswh.org.cn/m/show.php? classid=21&id=58348.

[5]《风雪迎忠魂：第十批在韩中国人民志愿军烈士遗骸归国》，https：//baijiahao.baidu.com/s？id=1783348671889628234&wfr=spider&for=pc.

[6]《还原成都49中学生坠亡事件：关键监控有无缺失？坠楼是如何发生的？孩子为何走到这一步？》，http：//www.xinhuanet.com/local/2021-05/13/c_1127438737.htm.

[7]《成都坠楼事件出现"境外反华势力"？网警：绝不允许敌人破坏稳定》，https：//new.qq.com/rain/a/20210514A0AQ4800.html.

[8]《旧金山开展"创卫行动"，很中国！》，https：//new.qq.com/rain/a/20231115A0A11400.

[9]《外交部谈中印加勒万河谷冲突事件来龙去脉》，https：//world.huanqiu.com/article/3yicenMmUcs.

[10]《印军突然增兵一万！中印边境融雪季来临，印度又准备搞事情了》，https：//baijiahao.baidu.com/s？id=1792949462149196517&wfr=spider&for=pc.

八、教学总结与反思

本次课主要依据教材内容进行系统深入的教学设计，知识结构层次分明，教学手段丰富，教学时间分配得当，教学重点难点突出，理论与实际相结合，做好大中小学思政一体化衔接。学生踊跃发言，师生互动热烈，教学效果良好。

在创设图片情境环节，图片只能起到一小部分作用，创设情境更多地应当是依靠教师真情实感地讲述图片背后的故事，这样才能使学生融入情境。我在讲述过程中情绪不够饱满，语言不够铿锵，感染力不强，致使学生"入戏不够"，未能带来完美的情境效果。由于合班教学，学生人数较多，纪律表现一般，需要频繁维护课堂秩序，教学节奏稍有打乱。

"总"想告诉你——总体国家安全观

沈阳药科大学　李家成

一、课程基本信息

主讲课程：中国近现代史纲要

使用教材版本：高等教育出版社（2023版）

教材章节出处：《中国近现代史纲要》第十章《中国特色社会主义进入新时代》第一节《开拓中国特色社会主义更为广阔的发展前景》

二、教学设计概述

在2014年4月召开的中央国家安全委员会第一次全体会议上，习近平总书记首次创造性地提出了总体国家安全观，它是习近平新时代中国特色社会主义思想的重要组成部分，是中国国家安全理论的最新成果，是维护国家安全的行动纲领和科学指南。坚持总体国家安全观，对决胜全面建成小康社会、加快推进社会主义现代化、实现中华民族伟大复兴的中国梦具有深远的重要意义。当代大学生需要深刻领会并认真贯彻。

该部分主要讲三个问题：一是总体国家安全观的内涵；二是总体国家安全观的核心要义；三是坚持总体国家安全观的重大意义。首先，在讲课时要加深对教材的理解，正确把握和使用教材，根据教材内容并结合学生课前的准备，合理地设计相关问题链。其次，引导学生基于已有的知识体系，结合展示的问题进行思考，并总结相关知识点，融会贯通从而达成学习目标。再次，在授课中尊重并充分发挥学生的主体地位，利用相关的时政热点和重大事件进行教育，让学生通过分析、对比、思考、交流、总结等方式进行知识的传递，争取做到主导性和主体性相统一、灌输性和启发性相统一。最后，深化思想政治理论课改革创新，积极探索教学方法改革、优化教学手段，不断增强思想政治理论课的思想性、理论性和亲和力。针对性地在教学设计中突出价值引领，注重提升学生思辨能力、表达能力、理论联系实际能力、培育爱国主义精神、增强使命感和责任感。

三、学情分析

学生在初高中时期已经了解过总体国家安全观，但大部分学生仅能说出其概念，忘记了具体的内容，而且对于为何会提出总体国家安全观、总体国家安全观的核心要素及其重大意义的认识还不到位，理解还不够深刻。

当代大学生普遍有着较高的国家荣誉感和民族自信心，但是他们对于国内外安全领域面临的复杂形势缺乏切实的感受和必要的了解，很难充分意识到国家安全面临复杂形势，缺少忧患意识。因此，在新形势下肩负着实现民族复兴重任的大学生们对国家安全要尤为注意，有必要深入地学习总体国家安全观，从理论上和实践中都意识到时刻注重保证国家安全这个头等大事的必要性。

四、教学目标

（一）知识目标

通过案例分析、小组讨论等方式了解国家安全的内涵与外延，深化对国家安全的认识，形成国家安全理论体系。深入理解和准确把握总体国家安全观的内涵和核心要义，明确把安全发展贯穿国家发展各领域全过程的重大意义。了解新时代传统安全与非传统安全以及新领域安全内容。了解中国共产党领导推进国家安全战略体系和能力框架建设的过程，理解中国特色国家安全体系。

（二）能力目标

理解国家安全的重要性，懂得新形势下辨别破坏国家安全的行为，敢于并善于同破坏国家安全的行为作斗争，增强自觉维护国家安全的意识，增强

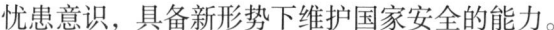

忧患意识，具备新形势下维护国家安全的能力。

（三）价值目标

牢固树立总体国家安全观，树立国家利益至上的观念，树立国家安全底线思维，坚持和加强党对国家安全体系建设和教育的领导，增强国家意识，强化政治认同，坚定道路自信、理论自信、制度自信、文化自信，践行社会主义核心价值观，自觉以总体国家安全观为统领维护国家利益和安全。

五、教学重点难点

（一）教学重点

1.明白国家安全与我们生活息息相关，从不同层面、不同角度了解国家安全对人民幸福生活的重要性。

2.了解总体国家安全观提出的背景和内容。

3.了解坚持总体国家安全观的重大意义，牢固树立总体国家安全观。

4.了解国家面临的传统和非传统方面的安全。

（二）教学难点

1.掌握总体国家安全观的核心要义。

2.如何理解新型领域安全。

3.如何贯彻落实总体国家安全观。

六、教学设计总体思路

1.概括总体设计思路，体现学段特点

总体国家安全观立意高远、思想深刻、内涵丰富，它科学回答了发展中的社会主义大国如何维护和塑造国家安全的一系列基本问题，它标志着我们党对国家安全基本规律的认识达到了新高度。教学中要加深对教材内容的理解和掌握，正确使用教材，科学设置相关问题，引导学生结合已有知识体系进行思考，深入理解和掌握其核心要义，掌握其理论意义，懂得在新形势下如何自觉担负起维护国家安全的重大使命。

2.注重根据教学内容，采用合理的教学方法，体现以学生为中心本节内容引用学生熟悉的时政热点，采取案例分析和小组讨论形式，组织学生进行分析、思考、对比、交流，进行知识的传递和生成。让学生通过自主探究和团队协作的方式达到学习目的，争取发挥学生的主体地位，做到主导性和主体性相统一、灌输性和启发性相统一。

3.注意信息化手段的灵活运用

通过借用多媒体工具和雨课堂辅助教学，合理有效地运用相关信息技术，充分发挥信息技术对教学的辅助作用，帮助学生学习理解，同时提升学生使用信息技术的素养和能力。

七、教学过程

（一）教学流程设计

环节一：课前准备

教师活动：课前调查学生关于国家安全的认识。

学生活动：分小组搜集一个事关危害国家安全的典型案例。

设计意图：课前调查可以提前了解学生在国家安全方面的认知，有针对性地授课，小组活动也可以在课堂上互相分享交流，加深理解。

环节二：授课——通过问题链引出"总体国家安全观"

教师活动：

1.请问同学们是否知道4月15日是什么日子？

4月15日全民国家安全教育日。国家安全是指国家政权、主权、统一和领土完整、人民福祉、经济社会可持续发展和国家其他重大利益相对处于没有危险和不受内外威胁的状态，以及保障持续安全状态的能力。

2.你认为如今我们国家在哪些方面面临着安全隐患？请各小组根据课前调查回答。

3.请2—3个小组简单介绍搜集到的事关危害国家安全的典型案例。

4.总结学生分享的相关案例，回顾新中国成立以来，党中央对发展和安全高度重视，始终把维护国家安全工作紧紧抓在手上的历史。并指出进入新时代，我国面临复杂多变的安全和发展环境，各种可以预见和难以预见的风险因素明显增多，国家安全内涵和外延比历史上任何时候都要丰富，时空领域比历史上任何时候都要宽广，内外因素比历史上任何时候都要复杂，维护国家安全的任务更加繁重艰巨。

5.新形势下如何保护国家安全？引用党的二十大报告中习近平总书记的讲话给出答案："国家安全是民族复兴的根基，社会稳定是国家强盛的前提。必须坚定不移贯彻总体国家安全观，把维护国家安全贯穿党和国家工作各方面全过程，确保国家安全和社会稳定。"

学生活动：

1.全民国家安全日。

2.分小组回答：政治安全、国土安全、军事安全、经济安全、金融安全、文化安全、社会安全、科技安全、网络安全、生态安全、粮食安全、资源安全、核安全、海外利益安全、生物安全、太空安全、极地安全、深海安全、人工智能安全、数据安全。

3.分享"大连海参养殖场非法窃取我国海洋水文数据和海空军事影像案""西北工业大学遭美国国家安全局网络攻击案""香港'修例风波'案"等相关危害国家安全的事件。

设计意图：通过问题链让学生对当下国家安全面临的严峻形势有全面的了解，认清当下大学生维护国家安全，担负时代使命的紧迫感，并引出如何更好地维护国家安全，即坚持总体国家安全观。

环节三：授课——讲解"总体国家安全观"的核心要义

教师活动：

1.介绍总体国家安全观提出的过程并说明其内涵。

2.你认为总体国家安全观的主要内容会有哪些？根据学生的回答进行补充总结，主要内容包括以下十个方面：党对国家安全工作的绝对领导、以人民安全为宗旨、把政治安全放在首位、中国特色国家安全道路、统筹发展和安全、统筹推进各领域安全、把防范化解国家安全风险摆在突出位置、推进国际共同安全、推进国家安全体系和能力现代化、加强国家安全干部队伍建设。

3.总体国家安全观的关键是什么？从强调大安全理念、强调科学统筹、强调打总体战三个方面讲解如何理解"总体"。

4.有重点地讲解总体国家安全观的"五大要素"。

学生活动：

1.党的领导、以人民为中心、注重各领域安全、国家安全部门相关组织人员建设，注意国际安全等。

2.关键是"总体"。

设计意图：引导学生从抗击新冠疫情的措施中，分析出总体国家安全观相关内容。学生可以全面了解并掌握其历史演变和现实需要，对总体国家安全观有更加理性的认识。

环节四：授课——新安全格局：总体国家安全观在重点领域的推进及其意义

教师活动：

1.播放关于"颜色革命"的视频。

2.分析"颜色革命"的本质，指出政治安全是国家安全的根本。

3.总结其他重点领域中国家安全的建设：国土安全是立国之基，经济安全是国家安全的基础，坚持以军事、科技、文化、社会安全为保障，维护网络、生态、核、海外利益等领域安全，维护太空、深海、极地、生物等新型领域安全，坚持推进国际共同安全。

4.坚持总体国家安全观具有哪些重要意义？第一，坚持总体国家安全观是新时代坚持和发展中国特色社会主义的必然要求；第二，坚持总体国家安全观是习近平新时代中国特色社会主义思想理论创新的重要方面；第三，坚持总体国家安全观是推进新时代国家安全实践的行动纲领；第四，坚持总体国家安全观为推动构建人类命运共同体提供了重要支撑。

学生活动：

1.观看视频并试着分析"颜色革命"的特点与本质。

2.分组讨论，总结坚持总体国家安全观的重要意义。

设计意图：让学生了解总体国家安全观在重点领域的推进情况，了解党的十八大以来国家安全工作实现了分散到集中、迟缓到高效、被动到主动的历史性变革，明白坚持总体国家安全观对于民族复兴的重大历史意义，而且还能在具体的学习实践中认清习近平新时代中国特色社会主义思想的实质。

（二）课堂小结

国家安全是安邦定国的重要基石，维护国家安全是全国各族人民根本利益所在。党的二十大首次在党的全国代表大会报告中设专章论述国家安全问题，对推进国家安全体系和能力现代化、坚决维护国家安全和社会稳定作出战略部署。这充分体现了新时代新征程国家安全工作在党和国家事业全局中的极端重要性，是我们党与时俱进深化对国家安全工作认识、全面加强国家安全工作的重要标志。

总体国家安全观，是习近平新时代中国特色社会主义思想的重要组成部分，是中国国家安全理论的最新成果，是维护国家安全的行动纲领和科学指南，对决胜全面建成小康社会、加快推进社会主义现代化、实现中华民族伟大复兴的中国梦具有深远的重要意义。

当前，我们国家安全的内涵和外延更加丰富，时空领域更加宽广，内外因素更加复杂。当代大学生也必须为维护国家安全承担更加繁重艰巨的历史责任，树立强烈的使命意识。期待大家，无论未来在什么岗位，都始终把祖国安危扛在肩头，把人民安康记在心上，无论征程万里，始终初心如磐。

（三）板书设计

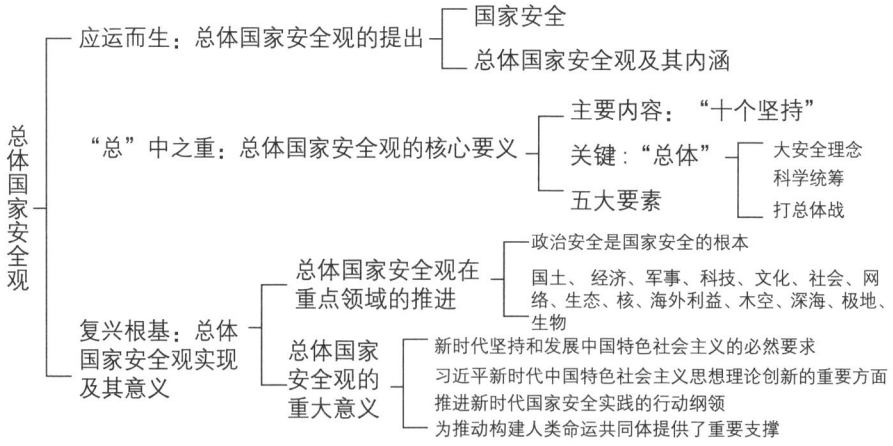

（四）作业设计

请同学们从自身所学专业出发，思考药学生如何坚持总体国家安全观，保护国家安全。

（五）参考资料

[1]中共中央党史和文献研究院：《习近平关于总体国家安全观论述摘编》，中央文献出版社，2018年。

[2]中共中央宣传部：《习近平新时代中国特色社会主义思想三十讲》，学习出版社，2018年。

[3]习近平：《高举中国特色社会主义伟大旗帜 为全面建设社会主义现代化国家而团结奋斗——在中国共产党第二十次全国代表大会上的报告》，人民出版社，2022年。

[4]中共中央宣传部、中央国家安全委员会办公室：《总体国家安全观学习纲要》，人民出版社，2022年。

八、教学总结与反思

坚持总体国家安全观，是实现中华民族伟大复兴的根基。学习相关知识有利于大学生牢固树立维护国家安全的意识，肩负起维护国家安全和实现民族复兴的责任。首先本课坚持立德树人的根本任务，着重培养学生的政治认同和勇担使命的责任感。其次本课坚持问题链式教学，通过问题引起学生思考；以日常热点问题和重大事件的引入，实现理论逻辑和现实逻辑的统一，探究式教学注重发挥学生的主体地位。

人无完人，实际课堂教学中难免有所遗憾。本课也有需要改进的地方，如问题设计的优化，首先应加强逻辑性和提问的准确性，其次应降低问题的难度。

坚定不移维护和塑造国家安全

铁岭卫生职业学院　　张　伟

一、课程基本信息

主讲课程：习近平新时代中国特色社会主义思想概论

使用教材版本：高等教育出版社、人民出版社（2023版）

教材章节出处：《习近平新时代中国特色社会主义思想概论》第十三章《维护和塑造国家安全》

二、教学设计概述

根据2023年7月全国高校"习近平新时代中国特色社会主义思想概论"集体备课会精神，以《习近平新时代中国特色社会主义思想概论课程标准》和《习近平新时代中国特色社会主义思想概论教学大纲》为基本遵循，在全面把握教材内容的基础上，为实现既定的知识目标、能力目标和情感目标，本章主要围绕"维护和塑造国家安全"，展开教学设计。

在第一节"坚持总体国家安全观"的教学中，通过播放保密公益宣传片《藏在照片里的秘密》，以问题互动的形式引入本节的教学。明确国家安全是民族复兴的根基，社会稳定是国家强盛的前提，从中国共产党百余年维护国家安全工作的实践意义出发讲清楚维护国家安全和社会安定的重要意义；尤其说明中国特色社会主义进入新时代，我国国家安全内涵和外延比历史上任何时候都要丰富，时空领域比历史上任何时候都要宽广，内外因素比历史上任何时候都要复杂。进而阐明以习近平同志为核心的党中央统筹国内国际两个大局，创造性地提出总体国家安全观。系统说明总体国家安全观是新时代国家安全工作的基本遵循，讲解总体国家安全观的内涵。在此基础上，从五个方面说明在总体国家安全观的指导下，新时代国家安全工作取得历史性成就。讲授过程中，教师要注意结合丰富的图文、视频和相关知识拓展，增强学生对总体国家安全观的认识。

在第二节"构建统筹各领域安全的新安全格局"的教学中，通过播放政论纪录片《以新安全格局保障新发展格局》，以问题互动的形式引入本节的教学。让学生了解构建新安全格局是应对国家安全形势新变化新趋势的战略选择，是全面贯彻落实总体国家安全观的重大举措。讲清楚发展和安全的关系，明确要以新安全格局保障新发展格局。通过对维护政治安全和维护重点领域国家安全的讲解，让学生明确构建统筹各领域安全的新安全格局的首要任务和主阵地。

在第三节"开创新时代国家安全工作新局面"的教学中，教师可结合视频《科技护卫安全》，展开讲解推进国家安全体系和能力现代化，推动建设更高水平的平安中国，着力提高防范化解重大风险能力和水平三个方面的内容。在具体的教学中，针对这三个知识点都要引导学生从"为什么和如何做"两个方面进行系统学习，从而使其明确当前和今后一个时期维护国家安全工作的行动指南。

三、学情分析

任课教师所在的学校是一所医学类高职院校，授课的对象是"〇〇后"的高职一年级学生，授课班级人数在150人左右，女生占到全班的92%。

高职学生思想活跃、思维开放，价值观多元，个性张扬，对新鲜事物有着极强的好奇心，对"维护和塑造国家安全"相关内容有极大的兴趣，能在课堂上积极参与讨论，发表自己观点。

高职学生在义务教育和高中阶段积累了一定的政治理论基础知识，理想信念和家国情怀铭刻于心，能与教师讲授的内容产生思想共鸣，能较好地理解和消化课程内容。

高职学生与新时代共成长，具备互联网思维，能很好地配合教师开展信

息化教学，课后能通过互联网终端进行扩展学习。

四、教学目标

坚持"学生为主体、教师为主导"的教学理念，遵循"引导、参与、互动、分享"的主基调，依托信息化教学手段，使用与教材配套的统一课件，将观看视频、专题讨论、案例分析、知识扩展等教学环节融入其中，呈现课程内容，以期达到下列目标。

（一）知识目标

明确维护国家安全的重大意义，掌握总体国家安全观的主要内容和指导意义，明晰开创新时代国家安全工作新局面的方法。

（二）能力目标

提高维护国家安全的自觉性，增强维护国家安全的意识，提高对威胁国家安全现象的独立判断能力，学会以实际行动维护国家安全。

（三）情感目标

激发爱国热情，能够明确发展与安全的关系，明白维护国家安全是我们每个公民义不容辞的责任。

五、教学重点难点

（一）教学重点

1.国家安全是民族复兴的根基——国家安全的定义和重要性。

2.构建统筹各领域安全的新安全格局——统筹发展和安全，把维护政治安全放在首要位置，守好重点领域国家安全的主阵地、主战场。

3.国家安全体系和能力现代化——健全完善国家安全体系，增强维护国家安全能力。

（二）教学难点

1.总体国家安全观的丰富内涵和指导意义——准确而全面地把握总体国家安全观。

2.发展与安全的关系——发展与安全的辩证关系。

3.防范化解重大风险的重要性及举措——当前所处的时代背景、重大风险涉及的领域、防范化解重大风险的重要性及举措。

六、教学设计总体思路

本章的主题是"维护和塑造国家安全",涵盖的理论内容非常丰富。课程坚持"学生为主体、教师为主导"的教学理念,遵循"引导、参与、互动、分享"的主基调,依托信息化教学手段,使用与教材配套的统一课件开展教学。在教学过程中,将理论讲授和以问题导向为核心的课堂互动结合起来,用通俗易懂的语言对课程内容精准表述,对教学重难点反复强调;用播放政论小短片、回顾热点事件等方式,抛出问题,让学生分组讨论,从自身角度提出观点和看法,教师对学生的观点和看法进行点评,做引导性总结,让知识讲授与情感价值产生共鸣,撬动学生的思想成长点,增强课堂的感染力和实效性。课后布置开放性思考题,提供扩展学习资料,让学生自主学习、自我思考,达到学以致用的目的。

七、教学过程

（一）教学流程设计

第一节　坚持总体国家安全观

环节一：导入新课

教师活动：

1.播放保密公益宣传片《藏在照片里的秘密》。

2.在新时代,国家安全是否还是单纯的防泄密、抓间谍这么简单?

3.日常生活中,哪些不经意的"小动作"可能危害国家安全?

4.我们应该树立怎样的国家安全观?

5.在学生回答后,提出问题"到底什么是国家安全",以此导入本节教学。

学生活动：观看保密公益宣传片《藏在照片里的秘密》,并就教师提出的问题,认真思考和回答。

设计意图：教师通过问题激发学生的探究心理和学习热情，通过提问让学生思考"何为国家安全"，以此导入教学。

环节二：教学目标简介

教师活动：向学生简介本部分教学要达到的目标。

学生活动：明确课程教学目标。

设计意图：使学生对本部分教学目标有清晰的认识。

环节三：知识点讲解

教师活动：通过理论讲解、观看视频、案例分析等方式，完成以下知识点教学。

（1）国家安全是民族复兴的根基。

（2）总体国家安全观是新时代国家安全工作的基本遵循。

（3）新时代国家安全得到全面加强。

学生活动：紧跟教师节奏、把握课程脉络、认真观看视频、参与案例分析、积极回答问题。

设计意图：使学生充分理解国家安全的内涵，认识到国家安全的重要性，国家安全是民族复兴的根基；让学生对总体国家安全观有清晰、全面的了解，认识到总体国家安全观的重要意义以及在总体国家安全观的指导下，新时代我国采取的加强国家安全的措施和取得的成就。从而对国家安全方面取得的成绩产生自豪之情，为之后的教学内容做铺垫。

第二节　构建统筹各领域安全的新安全格局

环节一：导入新课

教师活动：

1.播放政论纪录片《以新安全格局保障新发展格局》。

2.发展和安全是两件大事，它们之间的关系是怎样的？

3.为什么要统筹发展和安全？

4.以新安全格局保障新发展格局的内涵是什么？

5.在学生回答后，提出"我们知道了发展和安全都十分重要，那么发展和安全之间的关系是怎样的？我们一起来了解一下"，以此导入本节教学。

学生活动：观看政论纪录片《以新安全格局保障新发展格局》，并就教师提出的问题，认真思考和回答。

设计意图：通过展示视频中的知识点，使学生对新安全格局、安全和发展的关系有初步认识，为之后的教学做铺垫。

环节二：教学目标简介

教师活动：向学生简介本部分教学要达到的目标。

学生活动：明确课程教学目标。

设计意图：使学生对本部分教学目标有清晰的认识。

环节三：知识点讲解

教师活动：通过理论讲解、观看视频、专题讨论、历史回顾等方式，完成以下知识点教学。

（1）统筹发展和安全。

（2）把维护政治安全放在首要位置。

（3）维护重点领域国家安全。

学生活动：紧跟教师节奏、把握课程脉络、认真观看视频、参与专题讨论、积极回答问题。

设计意图：让学生厘清发展和安全之间的关系，进而明白牢牢守住安全发展这条底线是构建新发展格局的重要前提和保障，了解以新安全格局保障新发展格局的要求有哪些；明白构建新安全格局的首要工作的内容、政治安全内容，以及如何做到维护政治安全，并明确政治安全与人民安全、国家利益至上的关系；知晓重点领域国家安全有哪些，重要性为何，如何维护这些领域的安全，从而在学生头脑中完成新安全格局的整体拼图。

第三节　开创新时代国家安全工作新局面

环节一：导入新课

教师活动：

1.播放视频《科技护卫安全》，让学生初步感受科技之于安全的重要作用，以及科技发展护卫安全的紧迫性。然后阐明科技手段越来越多被应用于国家安全工作，为增强维护国家安全能力，推进国家安全体系和能力现代化做出了贡献。

2.这里说的现代化是否只是我们通常理解的现代科技应用呢？

3.国家安全体系和能力现代化的具体内涵都有哪些？

4.在学生回答后进一步提出问题"那么我们所说的推进国家安全体系和能力现代化是不是只是单纯的科技应用呢？"，让学生带着问题进入学习，以此导入本节教学。

学生活动：观看视频《科技护卫安全》，并就教师提出的问题，认真思考和回答。

设计意图：通过播放视频展示科技应用于国家安全工作的内容，然后引导学生思考"科技赋能是不是现代化的全部"，以此引出国家安全体系和能力现代化内容的教学。

环节二：教学目标简介

教师活动：向学生简介本部分教学要达到的目标。

学生活动：明确课程教学目标。

设计意图：使学生对本部分教学目标有清晰的认识。

环节三：知识点讲解

教师活动：通过理论讲解、观看视频、知识扩展、案例分析等方式，完成以下知识点教学。

（1）推进国家安全体系和能力现代化。

（2）建设更高水平的平安中国。

（3）提高防范化解重大风险能力。

学生活动：紧跟教师节奏，把握课程脉络、认真观看视频、熟悉扩展知识、参与案例分析、积极回答问题。

设计意图：让学生认识到推进国家安全体系和能力现代化的重要性、必要性和要求，明确如何推进国家安全体系和能力现代化；明白建设更高水平的平安中国的重要意义，明确如何建设更高水平的平安中国；知晓提高防范化解重大风险能力的必要性，掌握提高防范化解重大风险能力的要求以及做法。

（二）课堂小结

实现中华民族伟大复兴，保证人民安居乐业，国家安全是头等大事。进入新时代，我国面临复杂多变的国家安全形势。以习近平同志为核心的党中央准确把握国家安全形势变化新特点、新趋势，创造性提出并发展总体国家安全观，统筹维护和塑造国家安全，牢牢掌握了维护国家安全的全局性主动，国家安全得到全面加强。要全面贯彻落实总体国家安全观，统筹发展和安全，把维护政治安全放在首要位置，加快构建统筹各领域安全的新安全格局。要推进国家安全体系和能力现代化，推动建设更高水平的平安中国，着力提高防范化解重大风险能力和水平，开创新时代国家安全工作新局面。

（三）板书设计

维护和塑造国家安全

第一节　坚持总体国家安全观

一、国家安全是民族复兴的根基

二、总体国家安全观是新时代国家安全工作的基本遵循

三、新时代国家安全得到全面加强

第二节　构建统筹各领域安全的新安全格局

一、统筹发展和安全

二、把维护政治安全放在首要位置

三、维护重点领域国家安全

第三节　开创新时代国家安全工作新局面

一、推进国家安全体系和能力现代化

二、建设更高水平的平安中国

三、提高防范化解重大风险能力

（四）作业设计

1.课后思考

（1）如何认识新时代我国国家安全形势的新变化？

（2）如何理解总体国家安全观的丰富内涵？

（3）为什么说统筹发展和安全是我们党治国理政的一个重大原则？

（4）为什么要把维护政治安全放在维护国家安全的首要位置？

2.实践作业

请同学们化身宣传员，以"国家安全，你我共同守护"为主题，制作微视频宣讲国家安全知识。微视频时长控制在10分钟以内。

（五）参考资料

[1]习近平：《坚持党对国家安全工作的绝对领导》，《习近平谈治国理政.第三卷》，外文出版社，2020年。

[2]习近平：《统筹发展和安全》，《习近平谈治国理政.第四卷》，外文出版社，2022年。

[3]中共中央宣传部、中央国家安全委员会办公室：《总体国家安全观学习纲要》，学习出版社、人民出版社，2022年。

[4]习近平：《必须准备进行具有许多新的历史特点的伟大斗争》，《习近平著作选读.第一卷》，人民出版社，2023年。

八、教学总结与反思

（一）教学总结

本章的主题是"维护和塑造国家安全"，涵盖的理论内容非常丰富。课程坚持"学生为主体、教师为主导"的教学理念，遵循"引导、参与、互动、分享"的方式，运用多媒体课件、观看视频、专题讨论、案例分析等多种现代化教学方法呈现课程内容，让教师的知识讲授与学生的情感价值产生共鸣，撬动学生的思想成长点，增强课堂感染力和教学实效性。

（二）教学反思

第一，教师要充分结合党的二十大报告相关内容，引导学生明确和掌握总体国家安全观的主要内容，明晰我国如何构建统筹各领域安全的新安全格局，了解推进国家安全体系和能力现代化，推动建设更高水平的平安中国，着力提高防范化解重大风险能力和水平的重要性和实践途径。

第二，要全面理解和把握本章的内在逻辑，引导学生提高维护国家安全的自觉性，增强维护国家安全的意识，提高对威胁国家安全现象的独立判断能力，学会以实际行动维护国家安全，激发爱国热情，明确发展与安全的关系，明白维护国家安全是我们每个公民义不容辞的责任。

第三，要创新教学模式，坚持理论与实践相结合，抓住学生的兴趣点，积极开展课堂实践拓展活动，引导和监督学生自主完成课后实践作业，努力将课堂所学理论知识积极运用于实践，使学生在实践过程中加强对理论知识的理解。

后 记

  本书围绕"共筑国家安全防线"这一主题，按照小学、初中、高中、大学四个学段的顺序，精心整理了二十三篇辽宁省"大中小学思政课一体化建设"专题教学设计案例征集活动中的优秀作品。编者根据自身工作实际，参考优秀案例成果，经合理设计、创新后汇编成册。这些案例覆盖了坚持总体国家安全观、建设巩固国防和强大人民军队、维护国家安全与核心利益、注重粮食安全、爱好和平、保卫国土等多个方面，体现了教育的全面性和时代性。每篇教学设计包含课程基本信息、教学设计概述、学情分析、教学目标、教学重点难点、教学设计总体思路、教学过程以及教学总结与反思等内容，能够帮助广大教育工作者在思想政治理论课课程资源开发的基础上，通过多次课堂实测，完善和提升课程质量，收获更高更好的教学效果。教学设计中巧妙加入了学生感兴趣的内容，将其与思想政治教育相关理论有效联系起来，在帮助学生理解深刻内涵的同时，加深思想政治教育理论对认知活动的良性指导作用。通过这些教学设计案例，我们旨在展现如何将国家安全教育有效融入到日常的思想政治教育中，加深学生对国家安全的认识，培养学生的爱国主义情怀，激发学生的使命感和荣誉感，并使之成为提升学生识别能力、思辨能力和实践能力的有力途径。

  主编于海臣、金国峰负责本书的策划、组织和编辑等工作，制订了详细的编写计划，协调各方资源，对案例进行仔细审查，提出修改意见，监督编写进度，对书籍的质量进行严格把关。主编王明雪协助做了大量的工作，对文本内容进行深度审阅，关注作品的逻辑结构，润色和校对文字，处理图片和图表的插入，进行格式调整和排版设计，确保成品的准确性和完整性。参与编写教学案例的老师还有梁馨化、郭安宁、付瑶、徐爽、李峻岩、赵辉、李家成、张伟、张成尧、姜雅菲、罗燕、秦莹、马玉卓、宫春艳、李洁泓、侯莉、曹京、臧一帆、李晓茹、师艳华、韩东东、杨洪妮、高超。衷心感谢所有参与案例编写的教师，正是因为有了大家的共同努力和不懈追求，才有了今天的成果。

在编著此书的过程中，我们深刻体会到，讲台上的精彩，不仅仅在于教学方法的突破，更重要的是教师理想信念、知识素养、育人情怀和教学技能的综合展现；教育不仅仅是知识的传递，更是对价值观的塑造和责任感的培养。尤其是在当前全球化和信息化程度迅速提高的背景下，加强国家安全教育，筑牢国家安全防线，增强师生的国家意识和政治觉悟显得尤为重要。因此，本书不仅注重理论知识的系统传授，还特别强调实践性和互动性，鼓励教师和学生在教与学的过程中共同探讨、共同成长。

本书在编著过程中，参考了一些大中小学思想政治教育一体化建设、教学设计编写、教学方法创新的案例、著作、论文以及相关的研究文献，谨致诚挚的谢意；本书获辽宁工程技术大学马克思主义学院学术著作出版资助，在此，我们一并致以衷心的感谢。

大中小学思想政治教育一体化建设的深入推进为编著出《共筑国家安全防线融入大中小学思想政治理论课一体化教学设计案例集》创造了条件，也发出了呼唤。我们谨以这本书表达新时代思政课教师回应时代呼唤的努力、推动专业建设的执着。限于编者水平，书中难免还存在许多不完善的地方，恳请同行专家、学者和广大读者批评指正。

编　者

2024 年 10 月